Axel Gutjahr
Tiere im Zoo

Axel Gutjahr

Tiere im Zoo

Mit Illustrationen von Zapf

Verlag Perlen-Reihe

Seit 2011 wird die Perlen-Reihe umweltfreundlich aus FSC-zertifiziertem Papier hergestellt, mit Pflanzenölfarben gedruckt und klimaneutral produziert.

FSC®, Lizenz-Nr. C012536 – Klimaneutral drucken, 1136 kg Kompensation CO_2

ClimatePartner °
klimaneutral

Druck | ID: 10944-1402-1002

MIX
Papier aus verantwortungsvollen Quellen
FSC® C012536
www.fsc.org

Impressum

Band 137, 1. Auflage

© Verlag Perlen-Reihe, Wien 2014

Alle Rechte vorbehalten

Umschlagkonzept: David Wagner
Umschlagillustration: Jan Philipp Schwarz, www.schwarzmalerei.de
Illustrationen: Zapf, www.zapf-zeichnet.blogspot.co.at
Fotos: Fotolia, Axel Gutjahr, s. Bildnachweis S. 127 f.
Lektorat: Stefanie Jaksch, Mitarbeit: Clara Schermer
Gestaltung und Satz: Hermann Zanier, www.goldesel-buero.de
Druck und Bindung: Druckerei Theiss, St. Stefan im Lavanttal
Printed in Austria
ISBN 978-3-99006-035-3

Inhalt

Suri stellt sich vor

Hallo! Ich bin Suri, das Erdmännchen, und lade dich zu einem Zoo-Spaziergang ein. Zuerst möchte ich mich aber vorstellen:

Suri, das ist die Kurzform des wissenschaftlichen Namens für die Erdmännchen, der **Suricata suricatta** lautet. Einen solchen, aus zwei lateinischen oder griechischen Worten bestehenden Namen, gibt es übrigens für alle Tierarten. Dieser Name steht auch auf den Schildern, die an den Gehegen der Zootiere angebracht sind. Außerdem befindet sich hinter dem wissenschaftlichen Namen der Familienname von dem Menschen, der die Tierart entdeckt hat.

Bei den Erdmännchen war das Johann Christian Daniel Edler von Schreber. Er entdeckte uns vor 240 Jahren. Aber eigentlich haben wir Erdmännchen Herrn Schreber früher entdeckt als er uns. Als er nämlich auf der Suche nach neuen Tierarten herumlief, haben einige Erdmännchen vorsichtig aus ihrem Bau geschaut und dabei Herrn Schreber beobachtet. Als jedoch ein Erdmännchen den Kopf zu weit aus dem Versteck reckte, wurde es von Herrn Schreber bemerkt. Genau so ist das damals abgelaufen. Das hat mein Ururgroßvater erzählt und der wusste es von seinem Ururgroßvater.

Ich wurde in diesem Zoo geboren. Trotzdem weiß ich, dass Erdmännchen in freier Natur im südlichen Afrika leben. Am wohlsten fühlen wir uns in der Gemeinschaft von Familienmitgliedern. Deshalb bestehen viele unserer Familien aus 25 oder mehr Tieren.

Wusstest du eigentlich, dass wir **Erdmännchen** mit den **Erdhörnchen** nicht näher verwandt sind? Unsere nächsten Verwandten sind **Fuchsmangusten** und **Zwergmangusten**. Zur Verwandtschaft der Erdhörnchen gehören stattdessen die **Präriehunde** und die **Eichhörnchen**.

Im südlichen Afrika gibt es sehr viele Wüsten und Grassteppen mit trockenen, harten Böden. Oftmals müssen die Erdmännchen in diesem harten Boden ihre Baue selbst graben. Das ist eine mühselige und schwere Arbeit. Aber manchmal haben sie auch Glück und finden einen verlassenen Erdhörnchenbau. So ein Bau ist sehr geräumig, so dass es sich eine ganze Familie darin richtig bequem machen kann.

Erdhörnchen

Fuchsmanguste

Präriehund

Innerhalb unserer Erdmännchenfamilien gibt es eine prima Arbeitsteilung. Sobald wir den Bau verlassen, um Nahrung zu suchen, halten immer einige Erdmännchen Wache. Dazu setzen sie sich auf ihre Hinterbeine und beobachten ganz genau die Umgebung und den Himmel. Dort fliegen nämlich oft Greifvögel herum, die Jagd auf uns machen wollen. Aber unsere Wachposten sind super: Sobald sie einen Greifvogel oder ein anderes gefährliches Tier sehen, stoßen sie Alarmrufe aus. Beim Hören dieser Rufe rennen wir alle blitzschnell in unsere schützenden Baue.

Am liebsten fressen Erdmännchen Insekten, kleine Vögel, Eidechsen und Eier. Damit alle Familienmitglieder täglich ein paar Mal Nahrung suchen können, wechseln sich die Wachposten ab. Nur die ganz jungen Erdmännchen müssen noch keine Wache halten. Das ist auch gut so. Die Kleinen sollen noch ausgiebig spielen können. Außerdem schlafen sie viel und gern.

Suri, der kleine Zoospezialist

Ich bin sehr wissbegierig. Am liebsten höre ich dem Zoodirektor Professor Meyer zu, der so ziemlich alles über die Tiere und Zoologische Gärten weiß. Bei Gesprächen passe ich immer genau auf, weil ich dadurch ganz viel Neues lernen kann.

Bevor wir uns die Tiere anschauen, möchte ich dir gern noch etwas über Zoologische Gärten erzählen. Oft werden Zoologische Gärten einfach nur als Zoos bezeichnet. Sie beherbergen eine Vielzahl an Tieren – aber das ist ja auf Bauernhöfen auch so. Hast du schon einmal darüber nachgedacht, was die wichtigsten Unterschiede zwischen einem Zoo und einem Bauernhof sind?

Sicherlich bist du darauf gekommen, dass auf Bauernhöfen meistens zahme Haustiere wie Hühner, Katzen, Kühe und Pferde leben. Dagegen werden in Zoos vorwiegend Wildtiere gepflegt, die nicht alle zahm sind. Die meisten dieser Tiere sind zwar in einem Zoo geboren, aber trotzdem ist ihre Wildheit erhalten geblieben. Deshalb können die Zoobesucher nicht in den Raubtiergehegen herumlaufen und die Löwen oder Tiger berühren. Dagegen sind die Schafe oder Kaninchen eines Bauernhofs sehr friedlich und lassen sich gern streicheln. Außerdem liefern die Haustiere im Gegensatz zu Zootieren zum Beispiel Eier, Milch, Wolle und Fleisch für die menschliche Ernährung.

Es gibt auf der Welt eine riesige Anzahl von Tieren. Diese können nicht alle in einem Zoo untergebracht werden.

Welche Tiere im Zoo und auf dem Bauernhof kennst du? Schreib auf, was dir einfällt!

Zoo:

Bauernhof:

Stattdessen sind die meisten Zoos bemüht, viele Tiere zu halten, die in freier Natur vom Aussterben bedroht sind. Die Zoos wollen dieses Aussterben verhindern. Deshalb arbeiten sie sehr eng zusammen und tauschen beispielsweise Tiere aus, damit sich diese vermehren können.

Vor mehr als einem Jahr hat unser Zoo sogar das Gorillamännchen Kongo nach Frankreich ausgeliehen. Dort gibt
es einen Zoo, in dem zwei Gorillaweibchen leben. Mit diesen Weibchen hat Kongo sich dann gepaart. Inzwischen
ist er wieder zu uns zurückgekehrt und die beiden Gorillaweibchen haben von ihm Junge bekommen. Das ist doch
prima – oder?

Unser Zoodirektor hat mir auch verraten, dass bald ein
männliches Flusspferd aus einem niederländischen Zoo unser Gast sein wird. Dieses Flusspferd, ich glaube, es heißt
Mumbo, soll drei Monate lang bei uns bleiben. Während
dieser Zeit werden sich unsere Flusspferdweibchen ihr Gehege mit Mumbo teilen. Bestimmt bekommen sie dann eines Tages Flusspferdbabys, deren Vater Mumbo ist.

Manche Tierarten, die in der freien Natur vom Aussterben bedroht sind, vermehren sich in Zoos sehr gut, wie etwa die **Przewalski-Pferde** und die **Wisente.** Von diesen Arten wurden sogar schon einige jüngere Tiere wieder ausgewildert. Dazu bringt man sie in die Länder, in denen einst ihre Vorfahren lebten. Um sicher zu gehen, dass diese Tiere mit den Bedingungen in der Natur gut zurechtkommen, werden sie einige Zeit von Zoologen beobachtet. Falls nötig, werden sie zu Beginn noch gefüttert. Damit hören die Zoologen auf, sobald sich die Tiere ihr ganzes Futter selbst suchen.

Wusstest Du schon, dass die größte Raubkatze der Welt, der **Sibirische Tiger,** ebenfalls vom Aussterben bedroht ist? Die Wissenschaftler schätzen, dass zurzeit nur noch 450 bis 600 Sibirische Tiger in freier Natur leben. Vor 150 Jahren sah das ganz anders aus. Damals lebten schätzungsweise noch mehr als 5 000 Sibirische Tiger in freier Natur.

Sibirischer Tiger

Die nächsten Verwandten des Menschen

Komm, jetzt schauen wir uns die Menschenaffen an! Die meisten Menschen mögen diese Affen besonders gerne. Das liegt sicherlich an den vielen Gemeinsamkeiten, die zwischen Menschenaffen und Menschen bestehen, da sie die gleichen Vorfahren haben. Vor mehreren Millionen Jahren lebten nämlich affenähnliche Tiere auf der Erde, aus denen sich sowohl die Menschen als auch alle Menschenaffen entwickelten.

Zu den Menschenaffen gehören die **Gorillas, Orang-Utans, Schimpansen** und **Zwergschimpansen.** Die Zwergschimpansen werden auch als **Bonobos** bezeichnet. Sie sind nicht nur kleiner als die Schimpansen, sondern verhalten sich auch viel friedlicher. Außer den Menschenaffen gibt es noch viele andere Affenarten, wie etwa **Gibbons, Rhesusaffen** und **Paviane.** Diese Arten sind alle kleiner als und auch nicht ganz so schlau wie die Menschenaffen.

Gorillas

Schimpansen

Professor Meyer hat mir erzählt, dass die Worte **Orang-Utan** aus der malaiischen Sprache stammen. „Orang" bedeutet so viel wie Mensch und „Utan" Wald. Übersetzt heißen die Worte Orang-Utan also soviel wie „Waldmensch".

Zwergschimpansen oder Bonobos

Unter den Menschenaffen sind die Orang-Utans die besten Kletterer. Schau dir einmal ihre langen Arme an. Damit können sie beim Klettern auf Bäumen mühelos nach weit entfernten Ästen greifen. Auch ihre Füße sind hervorragend zum Klettern geeignet. So ist die große Zehe bei den Orang-Utans ziemlich klein, während die übrigen Zehen recht groß sind. Dadurch können diese Menschenaffen mit ihren Füßen fast so gut zugreifen wie mit ihren Händen.

Rhesusaffen

Gibbon

Orang-Utans

Wie alle anderen Menschenaffen bauen sich auch die Orang-Utans jeden Abend ein Schlafnest aus Zweigen und Blättern. Dieses befindet sich hoch oben in den Bäumen. Beim Bau dieser Nester sind die Orang-Utans äußerst geschickt. Sie schätzen nämlich genau ein, welche Äste und Zweige sie verbauen müssen, damit das Nest problemlos ihr Gewicht trägt. Das Gewicht der Orang-Utan-Weibchen, die in freier Natur leben, beträgt 30 bis 50 kg, während die Männchen 50 bis 90 kg wiegen. In Zoos werden vor allem ältere Orang-Utan-Männchen oft deutlich schwerer und erreichen manchmal ein Gewicht von 200 kg.

Wusstest du schon, dass die Orang-Utans aus den Regenwäldern Südostasiens stammen und ein natürliches **„Regencape"** besitzen? An den Unterarmen der Orang-Utans sind nämlich die Haare immer aufwärts und an den Oberarmen stets abwärts gerichtet. Sobald es stark zu regnen beginnt, setzen sich viele Orang-Utans auf einen dicken Ast und legen ihre Hände in den Nacken. Dann zeigen alle Armhaare nach unten, so dass das Wasser schneller abläuft und das Fell der Orang-Utans weniger durchnässt.

Mantelpaviane

Im Unterschied zu den Orang-Utans, die häufig als Einzelgänger in den Bäumen herumklettern, leben viele andere Affen in Großfamilien zusammen. Ein Beispiel dafür sind die **Mantelpaviane.** Bei den Mantelpavianen bestimmen immer die stärksten Männchen, was getan wird. Diese starken Männchen erkennst du leicht an großen silbergrauen Mähnen, die fast wie kleine Mäntel aussehen.

In freier Natur gehört es zu den Aufgaben der Mantelpavianmännchen, ihre Familien vor Feinden, wie etwa hungrigen Leoparden, zu schützen. Sobald Mantelpaviane einen heranschleichenden Leopard bemerken, versuchen sie zunächst zu fliehen. Dabei ergreifen die Weibchen und Halbwüchsigen zuerst die Flucht. Danach folgen die starken Männchen, die den Rückzug decken. Manchmal aber gibt es für eine Paviangruppe keine günstige Fluchtmöglichkeit mehr. Das kann beispielsweise passieren, wenn sie sich zum Trinken an einem Tümpel befinden und der Leo-

pard ihnen den Rückweg abschneidet. Dann zögern die erwachsenen Männchen nicht, sondern greifen die große Raubkatze sofort mutig an.

Vielleicht hast du schon einmal beobachtet, dass Paviane oder andere Affen das Fell von Artgenossen mit den Händen säubern. Man spricht dann auch von „Lausen", obwohl die Affen im Zoo fast nie Läuse haben – und falls doch, werden sie sofort vom Tierarzt behandelt.

Das Lausen dient aber nicht nur der Fellsäuberung. Dabei wird auch das Zusammenleben in der Gruppe gefestigt. Gleichzeitig wollen Affen, die in der Rangordnung einen niedrigen Platz haben, damit ranghöheren Tieren ihre Unterwürfigkeit zeigen. Dieses Verhalten dient vor allem dazu, unnötige Streitereien und Beißereien zu vermeiden.

Kattas

Jetzt zeige ich dir noch die **Kattas.** Sie gefallen mir von allen Affen am besten. Sie haben so schöne schwarz-weiß geringelte Schwänze, die mich immer ein wenig an Zebras erinnern. In der freien Natur kommen Kattas nur auf der Insel Madagaskar vor, die zu Afrika gehört. Sie leben dort in Gruppen, die aus 12 bis 15 Tieren bestehen.

Obwohl Madagaskar zu Afrika gehört, wird es dort in den Nächten mitunter sehr kalt. Sobald die Kattas zur Nachtruhe auf hohe Bäume geklettert sind, kuscheln sie sich eng zusammen, um nicht zu frieren. Manchmal finden sie auch kleine Höhlen, die ihnen Schutz vor der nächtlichen Kälte bieten. Am folgenden Tag nehmen die Kattas gern ein wärmendes Sonnenbad. Dazu springen sie von den Bäumen auf den Erdboden, setzen sich hin und stützen ihre Arme auf die gespreizten Beine. Nach dem Sonnenbad beginnen sie mit der Nahrungssuche. Neben Blättern, Blüten und Knospen fressen diese Affen auch gern Insekten, Spinnen, Chamäleons und kleine Vögel. Finden die Kattas bei ihrer Nahrungssuche ein Vogelnest, plündern sie dieses ebenfalls.

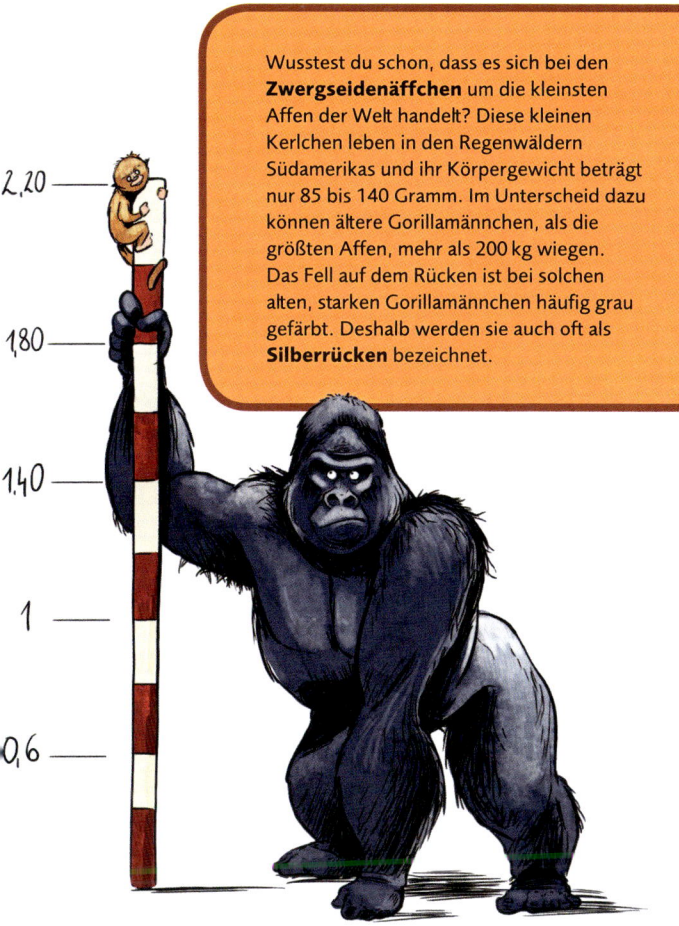

Wusstest du schon, dass es sich bei den **Zwergseidenäffchen** um die kleinsten Affen der Welt handelt? Diese kleinen Kerlchen leben in den Regenwäldern Südamerikas und ihr Körpergewicht beträgt nur 85 bis 140 Gramm. Im Unterscheid dazu können ältere Gorillamännchen, als die größten Affen, mehr als 200 kg wiegen. Das Fell auf dem Rücken ist bei solchen alten, starken Gorillamännchen häufig grau gefärbt. Deshalb werden sie auch oft als **Silberrücken** bezeichnet.

2,20

1,80

1,40

1

0,6

Nicht alle Katzen sind wasserscheu

Als Nächstes besuchen wir das Gehege der Großkatzen. Zu dieser Tiergruppe gehören **Löwen, Tiger, Leoparden, Jaguare, Nebelparder** und **Schneeleoparden.** Alle diese Arten bilden eine Fellzeichnung aus. Bei den Tigern sind das die Streifen, während sich auf den Fellen der Leoparden, Jaguare, Schneeleoparden und Nebelparder zahlreiche Flecken verteilen.

Aber was ist mit den Löwen, wirst du jetzt vielleicht fragen? Sie besitzen doch auf ihrem sandfarbenen Fell keine Zeichnung! Stimmt – und stimmt auch nicht. Im Unterschied zu den erwachsenen Löwen, deren Fell tatsächlich fast nie Zeichnungen aufweist, haben die Löwenbabys auf ihrem Rücken sowie an den Seiten bräunliche Flecken. Diese Flecken verblassen allmählich, wenn die Löwen älter werden.

Schwarzer Jaguar   Nebelparder

Sicherlich kennst du auch schon **Schwarze Panther.** Sie sind keine eigene Art, sondern Leoparden, deren Fell schwarz gefärbt ist. Aber auch bei diesen Großkatzen ist das Fleckenmuster noch schwach vorhanden. Am besten kannst du das erkennen, wenn die Sonne auf ihr Fell scheint. Außer den Schwarzen Panthern werden in Zoos auch oft **Schwarze Jaguare** gehalten. Auch auf dem Fell dieser Großkatzen ist bei genauem Hinschauen das Fleckenmuster erkennbar.

In Zoologischen Gärten bekommen Großkatzen zwei- bis dreimal pro Woche eine größere Portion Fleisch und Knochen zu fressen. Auf diese Weise werden ihre natürlichen Ernährungsgewohnheiten nachgeahmt, denn in freier Wildbahn erlegen sie auch nicht jeden Tag ein Beutetier. Deshalb ist das Verdauungssystem der Großkatzen so entwickelt, dass sie immer größere Mengen an Fleisch fressen, wenn genügend davon vorhanden ist. Nach einer solch ausgiebigen Mahlzeit verspüren die Großkatzen ein paar Tage keinen Hunger. Deshalb gehen sie während dieser Zeit auch nicht auf Jagd. Die Großkatzen töten nämlich ihre Beutetiere nie zum Spaß oder aus Blutgier, sondern nur, um selbst zu überleben.

Vielleicht kennst du den Ausspruch: Wasserscheu wie eine Katze! Auf die Hauskatze trifft das voll und ganz zu, aber auf die Großkatzen nur teilweise. Während es Löwen, Leoparden, Nebelparder und Schneeleoparden möglichst vermeiden, ins Wasser zu gehen, sind Tiger und Jaguare ausgezeichnete Schwimmer. Beide Großkatzenarten wurden sogar schon oft beobachtet, wie sie große Seen und Flüsse problemlos durchschwammen.

Obwohl sie in vielen Zoos in der Nähe der Großkatzengehege gehalten werden, sind **Geparde, Pumas** und **Luchse** keine Großkatzen. Stattdessen gehören diese drei Arten zu den Kleinkatzen. In ihrem Aussehen erinnern Geparde ein wenig an Leoparden. Allerdings sind sie wesentlich schlanker, haben einen kleineren Kopf und viel längere Beine.

Tiger

Jaguare

Gepard

Luchs

Diese langen Beine benötigen die Geparde auch, wenn sie im schnellen Sprint Beutetiere jagen. Vielleicht weißt du sogar schon, dass Geparden die schnellsten Landsäugetiere der Erde sind. Während der schnellste Mann der Welt 100 m in etwas mehr als 9,5 Sekunden sprintet, benötigen Geparde für die gleiche Strecke nicht einmal 6 Sekunden.

Wusstest du schon, dass außer den Löwen alle Großkatzen **Einzelgänger** sind und sich nur zur Paarungszeit zusammenfinden? Die Löwen leben dagegen in **Rudeln,** in denen es eine Aufgabenteilung gibt. Die Aufgabe der Löwinnen besteht darin, Wildtiere zu jagen, während die männlichen Tiere die Grenzen des Jagdgebietes gegen andere Löwen verteidigen. Außerdem verjagen die männlichen Löwen Hyänen, die Fleischstücke von der Beute stehlen wollen.

Löwe   Puma

Pumas leben in Nord- und Südamerika. Weil sie Löwinnen ähneln, werden sie oft auch als Berg- oder Silberlöwen bezeichnet. Allerdings wiegt ein Puma weniger als eine erwachsene Löwin. Trotzdem ist es nicht schwer, einen erwachsenen Puma von einer halbwüchsigen Löwin zu unterscheiden. Du musst dir nur ganz genau das Schwanzende dieser beiden Katzen anschauen. Im Unterschied zu den Pumas besitzen die Löwen nämlich eine behaarte braunschwarze oder schwarze Schwanzquaste, während das Schwanzende der Pumas nur mit Fell bedeckt ist.

Puma

Die grauen Schwergewichte

Zurzeit leben drei Elefantenarten auf der Welt. Während **Asiatische** und **Afrikanische Elefanten** häufig in Zoos gepflegt werden, trifft das auf die dritte Art, den Waldelefanten, nicht zu. Diese Art lebt in den Regenwäldern West- und Zentralafrikas und erreicht eine Schulterhöhe von bis zu 2,40 m. Damit ist der **Waldelefant** das drittgrößte Landsäugetier der Erde.

Die Waldelefanten sind jedoch deutlich kleiner als die Afrikanischen Elefanten, deren männliche Tiere bis 4 m groß werden und mehr als 7 000 kg wiegen können. Nach dem Afrikanischen Elefanten ist der Asiatische Elefant mit einer Schulterhöhe von rund 3 m und einem Gewicht

Asiatische Elefanten

Afrikanischer Elefant

von 5 000 kg das zweitgrößte Landsäugetier. Früher wurden diese Tiere auch oft als Indische Elefanten bezeichnet. Aber weil sich ihr Verbreitungsgebiet auch auf andere Länder Südostasiens erstreckt, ist es sinnvoller, sie Asiatische Elefanten zu nennen.

Elefanten gehören auch zu den Tieren mit der längsten Tragzeit. Es dauert fast zwei Jahre, bis sich ein kleiner Elefant im Bauch seiner Mutter soweit entwickelt hat, dass er geboren werden kann. Im Vergleich dazu benötigen menschliche Babys dafür nur 9 Monate.

Außer in Größe und Gewicht unterscheiden sich Afrikanische und Asiatische Elefanten auch in einigen morphologischen Merkmalen. Das Wort „morphe" stammt aus dem Griechischen und bedeutet so viel wie „Gestalt" oder „Erscheinung". In der **Übersicht auf der rechten Seite** habe ich einmal die wichtigsten morphologischen Unterschiede zwischen beiden Arten für dich zusammengefasst.

Schau dir einmal den Rüssel der Elefanten an. Dabei handelt es sich um ein stark verlängertes Körperteil, welches durch das Zusammenwachsen von Nase und Oberlippe entstanden ist. Mit ihrem Rüssel können Elefanten Wasser und Nahrung aufnehmen sowie Gegenstände abtasten. Außerdem dient er dazu, trompetende Geräusche zu erzeugen und Gerüche wahrzunehmen. Zum Riechen schwenken die Elefanten ihren Rüssel beim Laufen hin und her

Afrikanischer Elefant	**Asiatischer Elefant**

Rüsselspitze

Es sind zwei fingerähnliche Zipfel vorhanden.	Es ist nur ein fingerähnlicher Zipfel vorhanden.

Ohren

Sind deutlich größer und sehen fast dreieckig aus.	Sind kleiner und wirken ein wenig rundlich.

Rücken

Ist leicht sattelartig eingesenkt.	Wölbt sich fast buckelartig nach oben.

oder heben ihn in die Höhe. Anschließend saugen sie mit der Luft die Gerüche der Umgebung ein. Auf diese Weise wittern sie Gefahren, zum Beispiel herumstreifende Löwen. Durch dieses Ansaugen der Luft riechen die grauen Schwergewichte aber auch Wasser, von dem sie manchmal mehr als 10 km entfernt sind.

Wusstest du schon, dass die Asiatischen Elefanten mit den Afrikanischen Elefanten nicht so eng verwandt sind, wie mit den dichtbehaarten **Mammuts,** die am Ende der letzten Eiszeit ausstarben?

In freier Natur benötigen Elefanten viel Zeit zur Nahrungsaufnahme. Manchmal fressen sie täglich 16 bis 18 Stunden lang und nehmen dabei mehr als 150 kg Futter auf. Asiatische Elefanten bevorzugen jungen Bambus, allerlei Blätter, Rindenstücke, Wurzeln und Früchte als Nahrung. Dagegen ernähren sich Afrikanische Elefanten vor allem von Gras, Ästen und Rindenstücken. Aber genau wie du sicherlich Bonbons und Schokolade magst, haben auch die Afrikanischen Elefanten eine große Vorliebe für reife, saftige Früchte, die sehr süß schmecken.

Elefanten haben übrigens ein hervorragendes Erinnerungsvermögen. Sie merken sich beispielsweise sehr gut, wo besonders leckere Nahrung wächst und kehren oft dorthin zurück.

Elefanten können über 50 Jahre alt werden. Während ihres langen Lebens wechseln sie bis zu sechsmal ihre Backenzähne. Heute ist die Jagd auf Elefanten fast überall verboten. Aber wegen ihrer weit aus dem Maul ragenden Stoßzähne, die aus so genanntem Elfenbein bestehen, werden sie leider noch immer von Wilderern gejagt.

Nicht alle haben lange Hälse

Giraffen wie auf dem Foto unten werden in vielen Zoologischen Gärten gepflegt. Man bezeichnet sie auch als **Steppengiraffen.**

Giraffen gibt es nur in Afrika. Ihr natürliches Verbreitungsgebiet erstreckt sich von Nigeria und dem Sudan bis nach Südafrika. In dieser riesigen Region entstanden mehrere Unterarten, wie etwa die **Netz-,** die **Massai-** und die **Kap-Giraffe.** Diese unterscheiden sich vor allem in dem bräunlichen Fleckenmuster, das auf ihrem sandgelben Fell vorhanden ist.

Die Giraffen bewohnen hauptsächlich Steppenlandschaften, die man Savannen nennt. Das sind ausgedehnte Grasflächen, auf denen vereinzelte Bäume sowie kleine

Giraffe

Weibliche Giraffe mit Kalb

Baum- und Strauchgruppen wachsen. Ein besonders häufig vorkommender Baum ist die Schirmakazie, deren Zweige mit spitzen Dornen besetzt sind, was jedoch die Giraffen nicht stört. Mit Hilfe ihrer beweglichen Zungen, die etwa einen halben Meter lang sind, pflücken sie geschickt Blätter und Blüten aus den Kronen der Akazien.

Weibliche Giraffen leben oft in kleinen Gruppen zusammen. Dagegen ziehen die erwachsenen Männchen, die man als Bullen bezeichnet, meist allein durch die Savanne. Manche dieser Bullen werden bis zu 6 m groß und wiegen 1 800 kg. Im Unterschied dazu sind die weiblichen Tiere, die man auch Kühe nennt, immer etwas kleiner und leichter. Obwohl die Giraffen tagsüber viel herumlaufen, schlafen sie nicht die ganze Nacht. Stattdessen fallen sie ein paar Mal in einen Tiefschlaf, der jeweils zwei bis zehn Minuten dauert. Die restliche Nachtzeit dösen sie nur. Wenn plötzlich ein verdächtiges Geräusch ertönt, sind sie sofort hellwach und bereit zur Flucht. Der nächste Verwandte der Giraffen ist das Okapi.

Wusstest du schon, dass die Giraffen trotz ihres langen Halses **nur sieben Halswirbel** besitzen? Das ist übrigens bei den meisten anderen Säugetieren, auch bei den Menschen, ebenso. Zu den wenigen Ausnahmen, die nur sechs Halswirbel haben, gehören Walrösser und Zweifingerfaultiere. Dagegen besitzen Dreifingerfaultiere acht bis zehn Halswirbel.

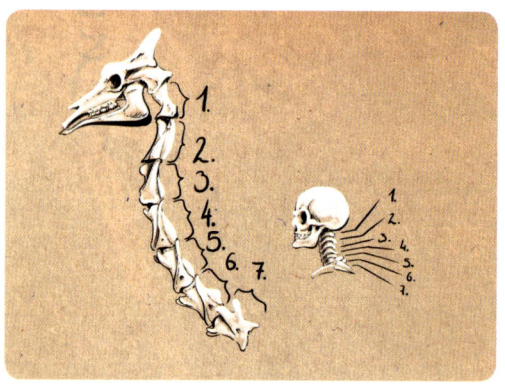

Das **Okapi** wird auch als **Wald-** oder **Kurzhalsgiraffe** bezeichnet. Im Unterschied zu den Giraffen lebt es in den dichten Regenwäldern Zentralafrikas. Sein Kopf ist überwiegend weiß gefärbt und der Körper zum größten Teil schokoladenbraun. Auf dem Gesäß sowie an den Hinterbeinen befindet sich ein Streifenmuster, das wie bei einem Zebra aussieht. Obwohl das Okapi fast so groß ist wie ein Pferd, wurde es erst 1901 entdeckt. Zu diesem Zeitpunkt waren die zentralafrikanischen Regenwälder noch recht wenig erforscht. Außerdem stellt die Färbung des Okapis, die im ersten Moment sehr auffällig anmutet, im Urwalddickicht eine ausgezeichnete Tarnung dar. Sobald sich nämlich die Okapis im Halbdunkel des Regenwaldes bewegen, beginnen die Körperumrisse dieser Tiere zu verschwimmen. Dann ist es recht schwer, sie überhaupt noch zu sehen.

Was Nashörner, Przewalskipferde und Zebras verbindet

Von den Nashörnern existieren fünf Arten. Während die **Indischen Panzernashörner,** die **Javanashörner** und die **Sumatranashörner** im tropischen Südostasien vorkommen, leben die **Breitmaulnashörner** und **Spitzmaulnashörner** in Afrika. Ihren Namen erhielten die Spitzmaulnashörner aufgrund des zipfelartigen Greiffortsatzes an der Oberlippe. Mit dessen Hilfe pflücken sie geschickt Zweige und Blätter von Sträuchern und Bäumen ab. Im Unterschied dazu fressen Breitmaulnashörner vorwiegend Gräser und krautige Pflanzen. Beim Breitmaulnashorn handelt es sich um die größte, schwerste und am häufigsten vorkommende Nashornart. Alte Männchen, die man wie bei den Giraffen als Bullen bezeichnet, wiegen oft mehr als 3 000 kg und haben eine Schulterhöhe von bis zu 180 cm.

Spitzmaulnashorn   Breitmaulnashorn

Kräftige Gerüche nehmen Breitmaulnashörner bereits wahr, wenn sie noch 700 m davon entfernt sind. Außerdem hören sie sehr gut. Deshalb bewegen sie auch häufig ihre Ohren, um möglichst viele Geräusche wahrzunehmen. Als Wachposten in einer Erdmännchenfamilie würden sich die Breitmaulnashörner allerdings nicht eignen, denn sie können nur 15 bis 20 m weit sehen. Deshalb sind sie auch sehr aggressiv und greifen mögliche Feinde im Laufschritt und mit gesenktem Kopf an.

Wusstest du schon, dass alle Nashornarten **vom Aussterben bedroht** sind? Ganz besonders trifft das auf die **Javanashörner** zu. Von diesen leben schätzungsweise nur noch 35 bis 45 Tiere auf unsere Erde. Damit gehört das Javanashorn zu den seltensten Säugetieren der Welt.

Die oft auch als Wildpferde oder Urwildpferde bezeichneten **Przewalski-Pferde** wurden erst 1879 in der Mongolei entdeckt. Aber bereits 70 Jahre später hatten die Menschen diese Tiere in freier Natur komplett ausgerottet. Glücklicherweise lebten in ein paar Zoos noch einige Przewalski-Pferde. Um zu vermeiden, dass diese schöne Tierart von der Erde verschwindet, begann man in den Zoos sofort, die Przewalski-Pferde intensiv zu vermehren. Und wie du bereits aus einem vorangegangenen Kapitel weißt, konnten sogar schon einige dieser in Zoos geborenen Przewalski-Pferde wieder in freier Natur ausgesetzt werden.

Nashörner, Przewalski-Pferde und **Zebras** sind relativ eng miteinander verwandt. Das klingt sicherlich etwas verblüffend. Es stimmt aber, denn alle diese Tiere gehören zu den Unpaarhufern. Die Hufe dieser Tierarten haben nämlich in der Mitte keinen Spalt, wie das etwa bei Hirschen, Büffeln oder Antilopen der Fall ist.

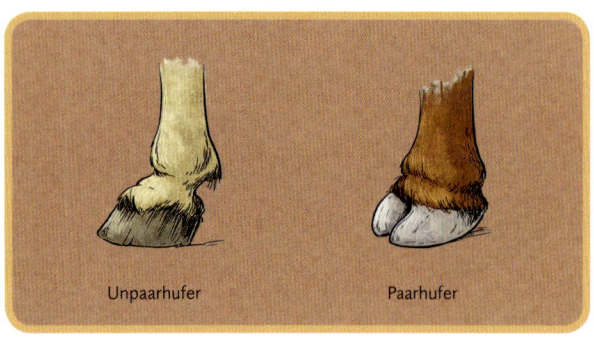

Unpaarhufer   Paarhufer

Przewalski-Pferde   Zebra

Fallen dir noch weitere Tiere ein, die zu den
Unpaarhufern gehören?

Die schnellen und geschickten Allesfresser

Vielleicht haben du, deine Geschwister oder deine Freunde noch einen Teddybären. Dieser erinnert in seinem Aussehen stark an die in Australien lebenden **Beutelbären,** die man auch **Koalas** nennt. Allerdings ist der Beutelbär trotz seines Aussehens nicht näher mit den Bären verwandt, sondern gehört zu den Beuteltieren.

Im Unterschied dazu handelt es sich bei den **Eis-, Brillen-, Lippen-, Kragen-, Schwarz-** und **Braunbären** um echte Bären. Das trifft auch auf die oft in Indianergeschichten vorkommenden **Grizzlybären** sowie den nur in Alaska lebenden **Kodiakbären** zu. Allerdings sind Grizzly- und Kodiakbären keine eigenständigen Arten, sondern nur zwei besonders groß werdende Unterarten des Braunbären. Dessen natürliches Verbreitungsgebiet erstreckt sich über die gesamte nördliche Erdhalbkugel.

Kragenbär   Brillenbär   Lippenbär

3,00 M

1,60 M

Braunbären halten keinen echten Winterschlaf, nur Winterruhe. Während dieser Zeit schlafen sie zwar viel in geschützten Höhlen, aber nicht den gesamten Winter lang. Stattdessen wachen sie immer wieder einmal auf und begeben sich auf Nahrungssuche. Auch in den Zoos sind die meisten Braunbären im Winter nicht so bewegungsfreudig wie im Sommer.

Braunbär

In manchen Märchen und Erzählungen werden Bären als dumm und etwas tollpatschig beschrieben. Doch das ist in Wirklichkeit nicht so. Im Gegenteil, alle Bären können blitzschnell reagieren und völlig überraschend angreifen. Vor einem Angriff machen sie oftmals kein wütendes Gesicht und fauchen auch nicht wie Großkatzen. Stattdessen heben sie nur ganz leicht eine Vordertatze an und schlagen damit im nächsten Augenblick zu. Viele Geschichten erzählen auch davon, dass Braunbären gern Honig naschen – und das stimmt. In freier Natur plündern sie oft die Nester wilder Bienen aus.

Eisbären sind die größten und schwersten Landraubtiere. Die erwachsenen männlichen Bären können mehr als 800 kg wiegen. Die Haut unter ihrem weißen Fell ist übrigens völlig schwarz gefärbt. Diese schwarze Färbung hilft den Eisbären in der Arktis, die wenige Sonneneinstrahlung besser in Wärme umzuwandeln. Außerdem haben Eisbären unter ihrer Haut eine dicke Speckschicht, die sie ebenfalls sehr gut vor der Kälte schützt.

Vielleicht stellst du dir nun die Frage, warum der Eisbär kein schwarzes Fell hat, mit dem er die Sonnenstrah-

Eisbären

len in seiner nordischen Heimat noch besser nutzen könnte. Ganz einfach: Die schwarzen Bären würden die Robben,
die die Beutetiere des Eisbären sind, zwischen den vielen
Eis und Schnee schon von weitem sehen. Sie würden sofort ins Wasser gleiten und davon schwimmen. Der Eisbär
hätte dann kaum die Chance, jemals eine Robbe zu fangen.

Eisbären können nicht nur sehr ausdauernd wandern,
sondern auch hervorragend schwimmen und tauchen. Wenn
sie ins Wasser wollen und keine Öffnung im Eis vorhanden ist, brechen sie es auf. Dafür suchen sie sich die dünns-
te Stelle. Diese finden sie, indem sie mit ihren Pfoten auf
das Eis schlagen.

Wusstest du schon, dass **Eisbären niemals ausrutschen?** Sie besitzen nämlich an ihren Fußsohlen Haare, die das verhindern. Im Winter kannst du übrigens genau wie ein Eisbär auf Eisflächen herumlaufen, ohne dabei auszurutschen. Du musst dir nur ein paar alte Socken über deine Schuhe ziehen. Die Wolle der Socken wirkt dabei so ähnlich, wie die Haare an den Fußsohlen der Eisbären. Das ist doch ein echt cleverer Trick, oder was meinst du?

Panzerknackergesichter und Spitznasen

Komm, jetzt schauen wir uns in den Nachbargehegen einige weitere Bären an!

Vielleicht kennst du aus den Donald Duck-Geschichten die Panzerknacker? Die tragen immer eine schwarze Augenbinde. Ein Tier, bei dem ein Fellstreifen im Gesicht auch wie eine dieser Augenbinden aussieht, ist der **Waschbär.** Waschbären sind allerdings keine Panzerknacker, sondern Kleinbären, die aus Nordamerika stammen. Ihren Namen erhielten diese Kleinbären, weil sie in Zoos gern ihr Futter vor dem Fressen in Wasser tauchen und daran rubbeln. Das sieht dann fast so aus, als würden sie die Nahrung waschen. In freier Natur rubbeln die Waschbären allerdings nie an ihrer Nahrung im Wasser. Warum sie das nicht tun, weiß bisher niemand.

Wusstest du schon, dass **Waschbären** genauso gut sehen können wie Menschen? Darüber hinaus haben sie noch einen Sinn, den Menschen nicht besitzen. Die Waschbären müssen nämlich Gegenstände nicht unbedingt sehen, um diese zu erkennen. Stattdessen genügt es, dass sie die Gegenstände gründlich mit ihren Vorderpfoten abtasten. Dadurch entsteht von diesen Gegenständen ein sehr genaues Bild im Gehirn der Waschbären.

Eine weitere Art aus der Gruppe der Kleinbären sind die **Nasenbären**, die man auch Rüsselbären nennt. Diese Tiere haben eine langgezogene, sehr bewegliche Schnauze, mit der sie am Boden nach Nahrung suchen. Diese besteht hauptsächlich aus Insekten, Spinnen sowie kleinen

Waschbären   Nasenbär

Wirbeltieren, wie etwa Fröschen, Eidechsen und Mäusen. Die gefundene Nahrung wird fast immer mit laut schmatzenden Geräuschen verzehrt.

Nasenbären können sehr gut schwimmen und klettern. Beim Klettern auf Ästen und Zweigen hilft ihnen ihr langer Schwanz dabei, die Balance zu halten. Bewegen sie sich dagegen am Erdboden fort, stellen sie ihren Schwanz senkrecht auf.

Zumeist verständigen sich Nasenbären mit ihren Artgenossen durch leise fiepende Töne. Droht jedoch eine Gefahr, machen die Nasenbären richtig Krach. Sie geben dann Laute von sich, die fast wie das Bellen eines Hundes klingen. Sobald solche Laute ertönen, rennen alle am Boden herumlaufenden Nasenbären zu hohen Bäumen, um sich auf diesen in Sicherheit zu bringen.

Tiere, deren Zähne ununterbrochen wachsen

Sicher weißt du, dass erwachsene Menschen 32 Zähne besitzen! Diese unterteilen sich in 8 Schneide-, 4 Eck- und 20 Backenzähne, die mitunter als Mahlzähne bezeichnet werden. Manche Säugetiere haben genauso viele, andere mehr und wieder andere weniger Zähne. So besitzen beispielsweise Wölfe 42 Zähne, Elefanten haben dagegen nur 26. Ihnen wachsen keine Eck- und weniger Schneidezähne als den Menschen. Die Stoßzähne, die du bei den Elefanten sicherlich schon einmal bestaunt hast, sind übrigens nach außen gewachsene, stark verlängerte Schneidezähne.

Eine andere Tiergruppe mit ganz besonderen Schneidezähnen sind die **Nagetiere,** die oft nur Nager genannt werden. Bei ihnen befinden sich jeweils zwei sehr große,

Eichhörnchen

Murmeltier

kräftige Schneidezähne im Ober- sowie im Unterkiefer. Im Unterschied zu vielen anderen Säugetieren besitzen die Schneidezähne der Nager keine Wurzeln. Diese Zähne werden nämlich durch das häufige Knabbern an der teilweise recht harten Nahrung, wie etwa Rüben, Zweigen und Nüssen, ständig abgenutzt. Damit die Nager nicht schon nach kurzer Zeit ohne Scheidezähne herumlaufen, wachsen diese während des gesamten Lebens ununterbrochen nach.

Fast alle Nagetiere, zu denen beispielsweise die **Eichhörnchen, Murmeltiere** und **Präriehunde** gehören, sind ziemlich klein. Viele dieser Tiere besitzen einen buschigen Schwanz und hocken sich zum Fressen auf die Hinterbeine. Das empfinden die meisten Menschen als sehr niedlich.

Dagegen wirken die **Stachelschweine,** die ebenfalls zu den Nagetieren gehören, eher respekteinflößend. Das, was wir bei ihnen als Stacheln bezeichnen, sind übrigens stark verdickte und gehärtete Haare, die sehr spitz enden. Ähnlich wie die Igel sind auch die Stachelschweine dadurch sehr gut vor den meisten Raubtieren geschützt. Wagt dennoch einmal ein unvorsichtiges Raubtier einen Angriff auf ein Stachelschwein, weiß dieses, wie man sich

Stachelschwein

gut verteidigt. Fast wie Pfeile, die von einem Bogen abgeschossen werden, schleudert das Stachelschwein dem Angreifer zahlreiche Stacheln entgegen. Diese verursachen bei dem Feind schmerzhafte, schlecht heilende Wunden. Ein Raubtier, das schon einmal eine solche unangenehme Begegnung hatte, wagt es zumeist nicht, ein Stachelschwein ein zweites Mal anzugreifen.

Meerschweinchen   Wasserschwein

Kinder mögen Meerschweinchen besonders, weil sie so ein schönes weiches Fell haben. Allerdings gibt es dabei Unterschiede in der Felllänge und Fellform. So haben manche Meerschweinchen ein sehr langes Fell, bei anderen ist das Fell sehr kurz und bei einigen ist ein Teil der Haare zu büschelartigen Rosetten geformt.

Wusstest du schon, dass die in Süd- und Mittel-amerika lebenden **Wasserschweine** die größten Nagetiere der Welt sind? Diese Tiere werden manchmal auch Capybaras genannt und erreichen eine Schulterhöhe von 50 cm sowie eine Länge von 130 cm. Die Wasserschweine sind sehr eng mit den **Meerschweinchen** verwandt, die von vielen Menschen als Heimtiere gehalten werden. Man sollte bei diesen Tieren allerdings nie von **Meerschweinen** sprechen. Denn das ist auch die Bezeichnung für den Schweinswal. Bei ihm handelt es sich um einen kleine Walart, die sich manchmal auch in der Nord- und Ostsee aufhält.

Meerschwein
↓

← Meerschwein**chen**

Riesen mit mächtigen Hauern

Oh, nun sind wir bei den Flusspferden angekommen. Obwohl sie mir sehr gefallen, bleibe ich lieber nah bei dir. Die Flusspferde plantschen nämlich immer so wild in ihrem Bassin herum, dass zahlreiche große Tropfen herausspritzen. Das mögen wir Erdmännchen nicht besonders, denn eigentlich sind wir ziemlich wasserscheu.

Es gibt zwei Flusspferdarten. Die größere nennt man **Fluss-** oder auch **Nilpferd,** weil früher viele von ihnen im Nil lebten. Der Nil ist übrigens der längste Fluss der Erde und der zweit wasserreichste in Afrika.

Nach den Elefanten sind Flusspferde die schwersten Land-säugetiere der Welt. Die männlichen Flusspferde, die man Bullen nennt, wiegen manchmal bis 4 500 kg. Sie sind immer etwas schwerer als die weiblichen Tiere, die man als Flusspferdkühe bezeichnet.

Während der heißen Tagesstunden halten sich Fluss-pferde am liebsten im Wasser oder im kühlenden Ufer-schlamm auf. Sobald die Dämmerung einsetzt, gehen sie zum Fressen an Land. Ihre Nahrung besteht vor allem aus saftigen Gräsern und zarten Kräutern. Manchmal wandern sie aber auch bis zu den Feldern der Bauern und fressen die dort wachsenden Reis- und Gemüsepflanzen auf. Dabei richten die Flusspferde oft große Schäden an, indem sie die Felder stark verwüsten.

Wenn du einmal ein an Land dösendes Flusspferd beobachtest, sieht dieses fast immer recht freundlich und gemütlich aus. Man könnte dann glauben, dass es ihm sogar gefallen würde, wenn Du es streichelst und knuddelst. Doch das ist ein großer Irrtum. Flusspferde verstehen meist keinen

Wusstest du schon, dass **Flusspferde** spezielle Hautdrüsen besitzen? Diese Drüsen sondern große Mengen einer anfangs klaren Flüssigkeit ab, die sich bald darauf rot und später braun verfärbt. Wissenschaftlich wird diese Drüsen-flüssigkeit als Sekret bezeichnet. An Land schützt es – ähnlich wie Sonnenmilch – die Haut der Flusspferde vor starker Sonneneinstrahlung.

Spaß. In ihrem Maul besitzen sie sehr lange Eckzähne, die auch Hauer genannt werden. Diese Hauer setzen Flusspferde bei Angriffen als gefährliche Waffen ein, mit denen sie in freier Natur oft Löwen und Leoparden tödlich verletzen.

Obwohl Flusspferde einen Großteil ihres Lebens im Wasser verbringen, sind sie keine besonders guten Schwimmer. Statt zu schwimmen, laufen sie lieber am Grund des Gewässers oder lassen sich einfach nur im Wasser treiben.

Die zweite Flusspferdart ist das **Zwergflusspferd,** das nur in einigen Urwaldgebieten Westafrikas vorkommt. Ein erwachsenes Zwergflusspferd ist etwa so groß wie ein Schwein, und somit deutlich kleiner und leichter als die Flusspferde. Außerdem leben Zwergflusspferde den größten Teil des Jahres als Einzelgänger oder in Mutter-Kind-Gruppen und finden sich nur zur Paarung zusammen. Im Unterschied dazu bilden die Flusspferde Herden.

Zwergflusspferd

Die Nahrung der Zwergflusspferde setzt sich aus Blättern, knollenartigen Wurzeln und Früchten zusammen.

Bis vor wenigen Jahren vermuteten die Wissenschaftler, dass beide Flusspferdarten sehr eng mit den Schweinen verwandt seien. Diese Vermutung war jedoch falsch. Inzwischen haben die Wissenschaftler festgestellt, dass die **Wale** die nächsten Verwandten der Flusspferde sind.

Im Streichelgehege

Jetzt kommen wir zum Streichelgehege, das viele Kinder besonders gern mögen – du auch? Solche Streichelgehege, in die die Besucher hineingehen können, gibt es in fast allen größeren Zoologischen Gärten. Zumeist werden darin **Afrikanische Zwergziegen,** kleine **Schafrassen, Hauskaninchen** und **Meerschweinchen** gepflegt. Das sind alles sehr zahme Tierarten, vor denen sich kein Kind zu fürchten braucht. Wenn dich einmal ein Tier, beispielsweise eine Ziege oder ein kleines Schaf, mit dem Kopf stupst, will es nicht mit dir stänkern. Ganz im Gegenteil. Es freut sich, dass du da bist, und will dir mit dem kleinen Stups „Hallo" sagen. Im Streichelzoo kannst du auch vergleichen, wie sich die Felle der einzelnen Tierarten anfühlen. So ist beispielsweise das Wollkleid der Schafe oft noch weicher als das Fell der Zwergziegen.

Oftmals dürfen die Kinder diese Tiere nicht nur streicheln, sondern auch füttern. Dafür ist vor dem Gehege fast immer ein Automat aufgestellt, aus dem man spezielles Futter erhält. Nachdem du ein paar Cents in den Automaten gesteckt hast, schüttet er eine Hand voll Pellets aus.

Afrikanische Zwergziegen

Hauskaninchen

Diese zumeist walzenförmigen Pellets bestehen aus kleinen, zusammengepressten Futterteilen.

Als echter Tierfreund wirst du im Streichelgehege sicherlich nur diese Pellets verfüttern. Es ist nämlich nicht alles, was den Menschen schmeckt, auch gut für die Tiere. Obwohl du es bestimmt gut meinen würdest, solltest du den Tieren trotzdem niemals Bonbons, Schokolade oder Popcorn geben. Wenn die Tiere nämlich viele Süßigkeiten fressen, können sie krank werden oder sogar sterben.

Wahrscheinlich gefallen dir im Streichelzoo und auch in anderen Gehegen die Jungtiere am besten. Sie haben zumeist kleine Ohren, niedliche Stupsnasen, rundliche Gesichter und kurze Beine, auf denen sie noch etwas unbeholfen laufen. Sowohl bei den Eltern dieser Tiere als auch bei uns Menschen wird dadurch ein so genannter „Pflegeinstinkt" ausgelöst. Er bewirkt, dass wir mit den niedlichen Jungtieren am liebsten immer kuscheln und sie füttern möchten.

Wusstest du schon, dass es **Meerschweinchen** nicht besonders mögen, wenn man ihren Rücken streichelt? Das liegt nicht etwa daran, dass die Meerschweinchen dich nicht leiden können. Aber dieses Streicheln des Rückens löst bei den Meerschweinchen ein Angstgefühl aus, das sie von ihren wilden Vorfahren, den **Tschudimeerschweinchen** geerbt haben. In Südamerika, wo die Tschudimeerschweinchen leben, gibt es viele große Raubvögel. Diese versuchen oft, ein Tschudimeerschweinchen als Beutetier zu fangen. Dazu stürzen sie sich im Flug auf ihre Beute und wollen ihre Krallen in ihren Rücken zu schlagen.

Die Natur hat jedoch die Tschudimeerschweinchen mit einem kleinen Trick ausgestattet: Sobald sich ein Raubvogel an ihrem Rücken festkrallen will, stoßen sie einen Teil der Rückenhaare ab. Der verdutzte Greifvogel hält nach so einer Jagd oft nur ein Büschel Haare, jedoch kein Meerschweinchen in seinen Krallen.

Von Hundevorfahren und Füchsen mit Riesenohren

Bestimmt kennst du einige Märchen, in denen ein Wolf vorkommt, wie etwa in „Rotkäppchen" oder den „Sieben Geißlein". In den meisten Märchen werden die **Wölfe** als böse und grausam dargestellt. Aber so verhalten sie sich eigentlich gar nicht. In der Natur erlegen Wölfe nur so viele Beutetiere, wie sie selbst zum Überleben brauchen. Häufig jagen sie sogar nur alte oder kranke Tiere. Es stimmt allerdings, dass Wölfe gelegentlich eine Ziege oder ein Schaf von einem Bauern reißen und

Wolfsrudel

auffressen. Das liegt aber oft nur daran, dass der Mensch den einstigen Lebensraum der Wölfe durch die Abholzung von Wäldern, den Bau von Ortschaften und das Anlegen von Straßen stark verkleinert hat.

Früher lebten Wölfe nahezu überall in Europa und bewohnten Wälder und Gebirge sowie Steppengebiete. In vielen Ländern Europas wurden in der Vergangenheit die Wölfe aber so stark bejagt, dass sie ausstarben. Vor ein paar Jahrzehnten wurden mancherorts wieder einige Wölfe ausgesetzt. Außerdem sind auch Wölfe aus Polen und der Tschechei nach Deutschland und Österreich eingewandert. Also dorthin, wo ihre Vorfahren schon vor ein paar Jahr-

hunderten zu Hause waren. In freier Natur wirst du kaum einmal einen Wolf sehen. Das liegt daran, dass sie scheu sind und zumeist eine sehr versteckte Lebensweise führen.

Anders als in vielen Märchen leben die Wölfe zumeist nicht allein, sondern in kleinen Gruppen. Diese bestehen oft aus einem Elternpaar sowie deren Nachkommen und werden als Rudel bezeichnet. Jedes Wolfsrudel besetzt ein Revier, das häufig über 100 Quadratkilometer groß ist. In diesem Revier werden keine anderen Wölfe geduldet. Durch ihr Heulen geben die Wölfe ihren Artgenossen zu verstehen, dass das Revier besetzt ist. Auf diese Weise werden viele Kämpfe zwischen einzelnen Rudeln vermieden.

Polarfuchs   Wüstenfuchs

Wenn du einen **Polarfuchs** mit einem Wüstenfuchs ver-
gleichst, werden dir sofort die riesigen Ohren des Wüsten-
fuchses auffallen. Im Unterschied dazu besitzen die Polarfüchse ziemlich kleine Ohren, die dicht mit Fell besetzt
sind. Und das aus gutem Grund. In den Polargebieten ist
es nämlich die meiste Zeit des Jahres eisig kalt. Hätten die
Polarfüchse sehr große, wenig behaarte Ohren, würden sie
mächtig daran frieren. Dagegen lebt der **Wüstenfuchs**, der
auch Fennek genannt wird, in der Sahara. Das ist eine Wüs-
te in Afrika, in der die Temperaturen zeitweilig über 50° C
betragen. Bei solcher Gluthitze geben die Wüstenfüchse
überschüssige Körperwärme über ihre großen Ohren ab
und verhindern so, dass sie einen Hitzschlag bekommen.

Tauchkünstler und Meisterschwimmer

Du weißt ja bereits, dass wir Erdmännchen ein bisschen was-serscheu sind. Deshalb gehe ich mit dir auch nicht ganz bis an den Rand des Beckens, in dem die **Robben** schwimmen. Die Robben spritzen nämlich vor lauter Freude noch mehr mit dem Wasser als die Flusspferde! Einmal konnte ich nicht schnell genug weglaufen und wurde von einem Walross pudelnass gespritzt. Das war für mich sehr unangenehm!

Alle Robben, zu denen beispielsweise die **Seehunde**, **Seebären** und **Seelöwen** gehören, sind Raubtiere. Wenn die Robben nicht gerade weite Strecken im Meer zurück-legen, halten sie sich gern an den Küsten auf. Das Zusam-menleben an Land erfolgt bei den meisten Robbenarten in großen Gemeinschaften, die man Kolonien nennt. Solche Kolonien bestehen oftmals aus mehreren tausend Tieren.

Seelöwen

Seebär

Zur Paarungszeit versuchen die erwachsenen Bullen zahlreicher Robbenarten möglichst viele Weibchen aus diesen Kolonien um sich zu scharen. Anschließend will jeder Bulle verhindern, dass andere Männchen seinen Weibchen zu nahe kommen. Dabei kommt es oft zu heftigen Kämpfen. Während solcher Kämpfe schlagen die Bullen ihre Oberkörper kräftig gegeneinander und versuchen, ihren Gegnern tiefe Bisswunden zuzufügen. Wer als Sieger aus den Kämpfen hervorgeht, bekommt die Weibchen des unterlegenen Gegners und darf sich mit diesen paaren.

An Land sehen die Bewegungen der Robben immer ein wenig plump und unbeholfen aus. Im Wasser ist das ganz anders, da erweisen sich die Robben als elegante und schnelle Schwimmer, die außerdem hervorragend tauchen können. Diese große Beweglichkeit im Wasser verdanken sie ihrer sehr elastischen Wirbelsäule sowie den stark zurückgebildeten Hüftknochen.

Genau wie alle anderen Säugetiere atmen auch die Robben mit ihren Lungen sauerstoffhaltige Luft aus der Atmosphäre ein. Anschließend geben die Lungen den Großteil des eingeatmeten Sauerstoffs an das Blut ab. Dieses transportiert den Sauerstoff zu den Muskeln und Organen des Körpers. Im Unterschied zum Menschen sowie den meisten anderen Säugetieren ist das Blut der Robben aber in der Lage, deutlich mehr Sauerstoff aufzunehmen. Das ist einer der Gründe, weshalb diese Tiere mehrere Minuten lang tauchen können. Den Tiefenrekord beim Tauchen halten dabei die **Seeelefanten.** Sie können bis in Meerestiefen von 1 500 m vordringen.

Wusstest du schon, dass die Bullen des **Südlichen Seeelefanten** die größten Robben der Welt sind? Voll ausgewachsen können sie über 6 m lang werden und bis zu 3 500 kg wiegen. Im Vergleich dazu sind die erwachsenen Weibchen rund 3 m kleiner und wiegen nur 800 bis 900 kg. Die Bezeichnung „Seeelefant" verdanken diese Robben den stark vergrößerten, wulstigen Nasen der Bullen. Diese Nasenwülste sehen fast wie ein kleiner Rüssel aus.

Südliche Seeelefanten

Wenn du selbst Zoodirektor wärst — welche Tiere würden in deinem Zoo leben?

Hier ist Platz für einen ganz persönlichen Zoo:
Zeichne ihn auf!

und noch weitere Tiere

Beeindruckende Hornträger

Ich bin mir völlig sicher, dass du Hausrinder kennst. Bestimmt weißt du auch, dass man die männlichen Hausrinder als Bullen, die weiblichen als Kühe und Jungen als Kälber bezeichnet. Aber weißt du auch, dass die Hausrinder vom **Auerochsen** abstammen? Auerochsen gibt es allerdings nicht mehr. Die letzten Tiere dieser Art wurden im 17. Jahrhundert durch den Menschen ausgerottet. Das ist sehr schade!

Professor Meyer hat mir einmal ein Buch gezeigt, in dem Auerochsen abgebildet waren. Sie sahen auf den Bildern echt klasse aus! Die schwärzlichen Bullen hatten riesige, nach vorn gebogene Hörner. Von ihrem Hals bis zum Schwanzansatz zog ein heller Streifen über den Rücken. Solche Streifen bezeichnet man als Aalstriche. Sie sind auch bei manchen anderen Tieren, beispielsweise bei vielen Eseln, vorhanden. Allerdings haben die Esel keine hellen, sondern dunkle Aalstriche.

Vor knapp 100 Jahren begannen die Zoodirektoren Lutz und Heinz Heck den Auerochsen, der auch als Ur bezeichnet wird, rückzuzüchten. Zu diesem Zweck verpaarten sie solche Hausrinderrassen, die dem Auerochsen noch sehr ähnlich sahen. Im Lauf der Zeit entstanden dann Rinder, die fast genauso wie die einstigen Auerochsen aussahen. Diese Tiere gibt es heute noch und sie erhielten zu Ehren der Brüder Heck den Namen **Heckrinder.**

Auerochse

Wusstest du schon, dass vor mehr als 400 Jahren mit dem **Wisent** noch ein weiteres Wildrind in Mitteleuropa lebte? Leider wurde der Wisent, den man auch **Europäischen Bison** nennt, in der Vergangenheit sehr stark bejagt. Fast hätten die Menschen auch dieses schöne Wildrind ausgerottet. Glücklicherweise lebten noch einige Wisente in Zoos und in einigen Waldgebieten Polens und Russlands. Durch intensive Schutzmaßnahmen und Zuchtprogramme gelang es, diese Art wieder stark zu vermehren. Inzwischen gibt es in freier Natur ein paar tausend Wisente, die in Polen, Weißrussland, der Ukraine, Russland, Litauen und der Slowakei leben.

Heckrinder   Wisente

Von seinem nächsten Verwandten, dem in Nordamerika heimischen **Bison,** der auch als Indianerbüffel bekannt ist, unterscheidet sich der Wisent in mehreren morphologischen Merkmalen. So wirkt der **Wisent** langgestreckter und besitzt einen wesentlich kleineren Nackenbuckel als der Bison. Außerdem hat der Bison eine viel dichtere Behaarung an Kopf und Vorderkörper. Diese sieht fast so aus, als ob der Bison einen Strickpullover anhat!

Während sich die ursprünglichen Lebensräume der Wisente in dichten Waldgebieten befanden, leben die Bisons vorwiegend auf den Prärien – so bezeichnet man die nordamerikanischen Grasebenen.

Im Unterschied zu den Pferden und Nashörnern, bei denen es sich um Unpaarhufer handelt, gehören die Bisons, Wisente und auch alle anderen Wild- sowie Hausrinder zu den Paarhufern. Ein längs verlaufender Spalt unterteilt nämlich die Hufe dieser Tiere in zwei Bereiche.

Außerdem unterscheiden sich die Rinder von den Pferden und Nashörnern durch ihr kompliziert aufgebautes

Bison

Wasserbüffel

Magensystem, das aus Pansen, Netz-, Blätter- und Labmagen besteht. Sicherlich hast du schon einmal gesehen, dass Rinder kauend auf der Weide liegen, ohne zuvor Gras ins Maul genommen haben. Das, was diese Rinder gerade machten, nennt man Wiederkauen. Einige Zeit vorher haben sie nämlich tatsächlich etwas gefressen. Vom Maul gelangte die Nahrung über die Speiseröhre in den Pansen. Dort erfolgt eine kräftige Durchmischung der Nahrung. Anschließend wird diese wieder ins Maul zurücktransportiert und durch gründliches Wiederkauen noch stärker zerkleinert.

Die häufig in Zoos gehaltenen **Wasserbüffel** gehören ebenfalls zu den Rindern und stammen vom **Arni** ab. Der Arni ist ein in Südostasien lebendes Wildrind, dem der Wasserbüffel in seinem Aussehen noch stark ähnelt. Wasserbüffel werden vorwiegend in Asien, aber seit einigen Jahren auch immer häufiger in Afrika, Südamerika und Europa als Nutztiere gehalten. Vielleicht kennst du den lecker schmeckenden Mozzarella. Dieser Weichkäse wird aus der Milch von Wasserbüffelkühen hergestellt.

Nicht alle Kamele haben Höcker

Sicherlich hast du schon einmal **Kamele** gesehen. Vielleicht weißt du auch, dass man diejenigen, die einen Höcker besitzen, als **Dromedare** und die mit zwei Höckern als **Trampeltiere** bezeichnet. Unser Trampeltier Emma ist besonders zahm, ich durfte sogar schon einmal auf ihr reiten! Wenn ich ehrlich bin, hatte ich schon ein bisschen Angst, als ich auf der Emma saß. Aber zwischen ihren beiden Höckern war es sehr bequem, da konnte ich nicht herunterfallen.

Viele Leute glauben, dass die Trampeltiere und Dromedare in ihren Höckern Wasser speichern können. Doch das stimmt nicht. Stattdessen ist in den Höckern Fett eingelagert, das als eine Art Nahrungsreserve dient. Wenn nämlich die Trampeltiere und Dromedare mit den Menschen in sandigen Wüstengebieten mehrere Tage lang unterwegs sind, benötigen sie nicht unbedingt Futter. Stattdessen zehren sie von dem Fett in den Höckern.

Dromedar

Trampeltier

Wusstest du schon, dass man **erwachsene weibliche Kamele** als Stuten, männliche als Hengste und die Jungen als Fohlen bezeichnet, also genau wie bei Pferden? Trotzdem sind die Kamele nicht näher mit den Pferden verwandt. Stattdessen handelt es sich bei den Kamelen um Tiere aus der Gattung der Paarhufer. Außerdem ist ihr Magen so ähnlich wie von Wiederkäuern, also beispielsweise Rindern, Antilopen und Hirschen, aufgebaut.

Es stimmt allerdings, dass diese Tiere nicht jeden Tag Wasser benötigen. Wenn sie aber richtig durstig sind und an ein Gewässer gelangen, saufen Trampeltiere und Dromedare schnell und viel. So ist beispielsweise ein ausgewachsenes Dromedar in der Lage, innerhalb weniger Minuten über 100 Liter Wasser zu saufen.

Die ursprünglichen Verbreitungsgebiete der Trampeltiere waren die Wüsten- und Steppengebiete Asiens. Dagegen lebten die wilden Vorfahren der Dromedare in Nordafrika und Arabien.

Wahrscheinlich wirst du jetzt ein wenig staunen. Es gibt nämlich auch Kamele, die in Südamerika leben und die du sogar schon kennst. Allerdings haben sie keine Höcker und sehen den Trampeltieren und Dromedaren auch nicht besonders ähnlich. Es handelt sich dabei um die **Lamas, Guanakos, Alpakas** und **Vikunjas.** Diese Tiere werden auch als „Neuweltkamele" bezeichnet, während Trampeltiere und Dromedare „Altweltkamele" sind.

Lama   Alpaka

Warum das so ist? Bevor Christopher Kolumbus im Jahre 1492 das erste Mal Amerika erreichte, kannten die Menschen nur die Erdteile Europa, Asien und Afrika. Amerika empfanden die Menschen damals als eine Neue Welt, während sie Europa, Asien und Afrika als ihre Alte Welt ansahen. Die Begriffe Neue und Alte Welt blieben nicht nur erhalten, sondern wurden auch in anderen Zusammenhängen verwendet, wie etwa für einige Tierfamilien, die in diesen Erdteilen lebten.

Die oft in Zoos gehaltenen Lamas sind die Haustierform des Guanakos, das vor allem die bergigen Regionen Südamerikas besiedelt. Die ersten Lamas gab es schon vor 5 000 Jahren. Seit dieser Zeit werden sie von den Ureinwohnern als Fleisch- und Woll-Lieferanten sowie zum Tragen von Lasten genutzt.

Ich habe einmal gesehen, wie sich unsere Lamas angespuckt haben. Das habe ich für eine prima Idee gehalten und gleich tüchtig mitgespuckt. Der Professor Meyer fand meine Idee gar nicht gut. Zuerst hat er ein wenig geschimpft, aber dann hat er mir in aller Ruhe erklärt, warum die Lamas sich manchmal gegenseitig vollspucken. Sie wollen damit ihren Artgenossen zu verstehen geben, dass sie einen Abstand einzuhalten haben. Das ist bei den Lamas eine ganz natürliche Verhaltensweise – aber nicht für Erdmännchen und schon gar nicht für Menschen. Wenn ein Mensch seine Ruhe haben will, muss er dazu keinen anderen vollspucken, sondern kann ihm das anständig sagen.

Guanakos

Vikunja

Sprunggewaltige Australier

Die nächsten Tiere, die wir besuchen, stammen aus Australien. Australien wird auch als „Erdteil der Beuteltiere" bezeichnet. Sicherlich kennst du außer den Koalas, die übrigens am liebsten Eukalyptusblätter fressen, auch die **Roten Riesenkängurus.** Diese Tiere haben ein rötliches Fell und sind die größte Känguruart der Welt. Sie bewohnen vor allem baum- und straucharme, relativ trockene Gebiete, in denen sie entweder als Einzelgänger oder in kleinen

Gruppen leben. Diese Gruppen bestehen aus einem Männchen und bis zu 10 Weibchen sowie deren Jungen.

Rote Riesenkängurus bewegen sich manchmal mit einer Geschwindigkeit von 60 km pro Stunde fort. Dabei vollführen sie oft Sprünge von 9 m Weite und 3 m Höhe. Wenn ein Rotes Riesenkänguru an den Olympischen Spielen teilnehmen dürfte, wäre es mit diesen Werten sofort Weltmeister im Hoch- und Weitsprung!

Die Riesenkänguruweibchen bringen zumeist nur ein Junges zur Welt. Dieses ist bei der Geburt nur 2,5 cm lang und wiegt nicht einmal 1 Gramm. Das Junge krabbelt nach der Geburt sofort in den Beutel, der sich am Bauch seiner Mutter befindet. In diesem Beutel sind vier Zitzen vorhanden. An einer dieser Zitzen saugt sich das Junge fest und wird so in der Folgezeit mit Milch versorgt. Nach etwa 5 Monaten schaut das kleine Riesenkänguru, das inzwischen stark gewachsen ist, erstmals aus

Rotes Riesenkänguru

dem Beutel heraus, um neugierig die Umgebung zu beäugen. Es vergehen aber noch fünf Wochen, bis das kleine Känguru zum ersten Mal für kurze Zeit aus dem Beutel der Mutter klettert. Nach weiteren neun Wochen kehrt das Junge nicht mehr in den Beutel zurück. Allerdings bleibt es danach noch für einige Monate bei seiner Mutter.

Ein besonders eigentümliches Lebewesen Australiens ist das etwa 50 cm große Schnabeltier. Es lebt am und im Wasser, besitzt einen entenähnlichen Schnabel und einen Körper, der ein wenig an einen Biber erinnert. Beim Schnabeltier handelt es sich um ein Eier legendes Säugetier. In ihren selbstgegrabenen Erdbauen legen die Schnabeltierweibchen 1 bis 3 weißschalige Eier in ein kleines Nest. An-

Schnabeltier

schließend brütet es 10 Tage lang auf diesen Eiern. Danach schlüpfen die Jungen, die zu diesem Zeitpunkt nur 2,5 cm groß sind. In der Folgezeit werden die Kleinen mit Milch ernährt, welche ihre Mutter in speziellen Drüsen ihres Brustbereiches erzeugt.

Hast du schon einmal **Dingos** gesehen? Das sind australische Wildhunde, deren Fell rötlich-gelb gefärbt ist. Bei den Dingos handelt es sich um die Nachfahren von Haushunden. Als vor mehreren tausend Jahren die ersten Menschen von Indonesien aus mit Booten nach Australien ruderten, hatten sie auch Hunde dabei. Einige dieser Hunde verwilderten und aus ihren Nachkommen entwickelten sich allmählich die Dingos.

Dingo

Findest du nicht auch, dass das Schnabeltier
ein bisschen aussieht, als wäre es aus mehreren
Tieren zusammengesetzt?

Denk dir ein eigenes Tier aus und male es hier auf!

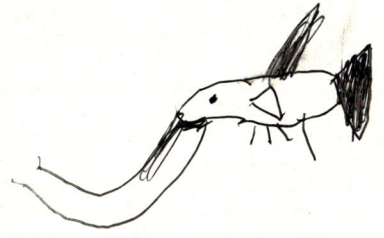

Könige der Lüfte, Nachtflieger und Gesundheitspolizisten

Viele Zoos besitzen zur Haltung von Vögeln riesige Käfige aus Maschendraht oder dünnen Gitterstäben, die man Volieren nennt. In solchen Volieren werden beispielsweise verschiedene Greifvogelarten gepflegt, wie etwa die in Afrika und Indien lebenden **Raubadler.** Zu den typischen Körpermerkmalen dieser sich fast ausschließlichen von Fleisch ernährenden Vögel gehören kräftige Krallen und stark gebogene Oberschnäbel mit sehr scharfen Rändern. Diese scharfen Ränder sind notwendig, damit die „Könige der Lüfte", wie die Greifvögel auch oft genannt werden, Nahrungsbrocken aus ihren Beutetieren reißen können.

Die **Geier,** deren obere Halsbereiche meist federlos sind, gehören ebenfalls zu den Raubvögeln. Ihr natürliches Verbreitungsgebiet erstreckt sich von Südeuropa über Asien und Afrika bis nach Amerika. Im Unterschied zu den meisten anderen Raubvogelarten ernähren sich **Geier** fast nur von Aas, also von den Körpern verendeter Tiere. Damit erfüllen sie eine wichtige Funktion als „Gesundheitspolizisten", weil sie verhindern, dass sich in den toten Tierkörpern Krankheiten und Infektionen entwickeln können.

Raubadler

Geier

Wusstest du schon, dass der **Andenkondor** ebenfalls zu den Geiern gehört? Mit einer Flügelspannweite von mehr als 3 m handelt es sich bei ihm um den größten flugfähigen Vogel der Welt.

Eulen und **Käuze** begeben sich vorwiegend in den Dämmerungs- und Nachtstunden auf Jagd nach Insekten, Fröschen, Vögeln, Kriechtieren und kleinen Säugetieren. Damit sie

Käuze

diese überhaupt wahrnehmen können, wurden sie von der Natur mit einem sehr guten Nachtsichtvermögen und einem ausgezeichneten Gehör ausgestattet. Beim Fressen verschlingen Eulen und Greifvögel oft einige Knochenstücke, Haare und Schuppen von ihren Beutetieren. Allerdings werden diese Knochenteile, Haare und Schuppen nicht verdaut. Stattdessen klumpen sie sich in den Mägen der Eulen und Greifvögel zu kugelähnlichen Gewöllen zusammen, die man auch „Speiballen" nennt. Von Zeit zu Zeit werden die Gewölle durch die Speiseröhre in den Schnabel gewürgt und ausgespuckt. Übrigens werden Gewölle auch regelmäßig in den Mägen von Möwen, Raben, Drosseln, Reihern und Kuckucken gebildet und dann von den Vögeln ausgewürgt.

Vielleicht weißt du schon, dass der **Uhu** die größte Eule auf der Welt ist? Betrachte einmal die Uhus ganz genau. An ihrem dicken Kopf haben sie lustig aussehende Federohren: Außerdem besitzen sie sehr schöne dunkelorangefarbene Augen. Besonders bemerkenswert ist, dass nicht nur Uhus, sondern alle Eulen ihren Kopf sehr weit drehen können. So müssen sie ihren Körper nicht mitdrehen, wenn sie nach hinten schauen wollen. Das ist deshalb möglich, weil die Uhus **14 Halswirbel** haben, während die meisten Säugetiere – wie du schon weißt – **nur 7** davon besitzen.

Uhu

Planktonfiltrierer und Fischjäger

Stelle dich einmal auf ein Bein und ziehe das andere an. Anschließend bleibst du so stehen, ohne dich zu bewegen. Sicherlich gelingt dir das höchstens ein paar Minuten. Im Unterschied zu dir können **Flamingos** in dieser Stellung stundenlang verharren. Oftmals stecken sie dabei sogar noch ihren Kopf unter einen Flügel, um zu schlafen.

Das Verbreitungsgebiet dieser elegant wirkenden Vögel erstreckt sich vorwiegend auf die wärmeren Regionen der Erde, wo sie oftmals an sehr salzhaltigen Seen leben. Für das Leben an diesen Seen sind sie mit einem sehr kompliziert aufgebauten Schnabel ausgestattet. In diesem befinden sich feine, als Lamellen bezeichnete Blättchen, auf denen wiederum viele winzige Härchen vorhanden sind.

Indem die Flamingos ihren Schnabel ins Wasser tauchen und ihn ständig öffnen und schließen, filtern sie winzige, frei schwebende Organismen heraus. Diese Organismen werden wissenschaftlich als Plankton bezeichnet.

Wusstest du schon, dass **Flamingos** ihre am Boden befindlichen, turmähnlichen Nester aus Schlamm bauen? Diese Nester können einen Durchmesser von 55 und eine Höhe von 40 cm haben.

Flamingo

Im Gegensatz zu den Flamingos besitzen **Pelikane** keinen gebogenen, sondern einen sehr langen und breiten Schnabel, der sehr wuchtig wirkt. **Pelikane** ernähren sich hauptsächlich von Fischen. Um diese zu erbeuten, haben die einzelnen Arten teilweise recht unterschiedliche Jagdmethoden entwickelt. So stürzen sich beispielsweise die **Braunen Pelikane** aus der Luft ins Wasser, um an die Fische zu gelangen. Nach der Jagd

Braune Pelikane

setzen sie sich auf Steine oder Bäume, um ihr Gefieder in der Sonne zu trocknen.

Im Unterschied zu den Braunen Pelikanen jagen **Krauskopfpelikane** oft gemeinsam mit Artgenossen. Sobald die Krauskopfpelikane einen Fischschwarm erspähen, umzingeln sie diesen. Anschließend schlagen sie mit ihren Flügeln aufs Wasser und versuchen, den Schwarm in flachere Bereiche zu treiben. In Flachwasser können die Fische kaum noch fliehen und stellen dann eine leichte Beute für die Pelikane dar.

Manchmal bin ich ganz neidisch, dass (die meisten) Vögel fliegen können. Vielleicht kannst du mich mit Flügeln zeichnen, damit ich abheben kann?

Nicht alle leben in eisiger Kälte

Pinguine sind flugunfähige Seevögel, die hervorragend schwimmen und tauchen können. Wenn du jemanden fragst, wo Pinguine leben, wird oft geantwortet: „In der Antarktis, also um den Südpol herum." Aber das ist nur die halbe Wahrheit! Einige Pinguine, wie etwa die **Zwerg-**, die **Brillen-** und die **Humboldtpinguine** leben nämlich an den südlichen Küsten Neuseelands, Australiens, Afrikas oder Südamerikas. Zu den Arten, die die eisigen Gebiete der Antarktis besiedeln, gehören **Kaiser-** und **Zügelpinguine.**

Trotz dieser unterschiedlichen Lebensräume hat die Natur aber alle Pinguinarten zum Leben in sehr kalten Regionen ausgestattet. So besitzen diese Vögel unter ihrer Haut eine 2 bis 3 Zentimeter dicke Speckschicht. Außerdem strömt ständig viel Blut durch ihre Füße, wodurch diese warm gehalten werden.

Damit die Pinguine in den wärmeren Regionen nicht an einem Hitzschlag sterben, geben sie über ihre flossenähnlichen Flügel ständig überschüssige Körperwärme an die Luft ab.

Pinguine sind sehr gesellige Tiere. Sie leben oft in Brutkolonien zusammen, die aus mehreren tausend Exemplaren bestehen. Je nach Art legen sie zwischen einem und fünf Eier. Die Eier tragen sie entweder auf ihren Fü-

Brillenpinguin

Humboldtpinguine

Brutkolonie von Kaiserpinguinen

Zügelpinguine

ßen, wie etwa der Kaiserpinguin, oder sie errichten ein Nest, das nur aus ein wenig Gras und ein paar Kieselsteinen besteht. Nach dem Schlüpfen werden die Jungen mit Fischen oder kleinen Krebsen gefüttert, welche die Altvögel aus dem Meer herbeischaffen. Anfangs bewacht immer mindestens ein Elternteil die Jungvögel. Nach ein paar Wochen

schließen sich diese zu so genannten Pinguinkindergärten zusammen. Die Alten gehen dann zu zweit auf Jagd, um im Meer möglichst viel Nahrung zu erbeuten, weil der Appetit der Jungen von Tag zu Tag größer wird.

Pinguinjunges

Wusstest du schon, dass das schwarzweiße Gefieder der Pinguine im Wasser fast wie ein **Tarnanzug** wirkt? Dadurch schützt das Gefieder die Pinguine vor den Angriffen vieler Fressfeinde. Wenn nämlich ein Fressfeind, beispielsweise eine Raubmöwe, von oben ins Meer blickt, wirkt dieses dunkel wie der Rücken der Pinguine. Schauen dagegen Robben, die unter einem Pinguinschwarm schwimmen, aus der Tiefe des Meeres zur Oberfläche, so erscheint diese hell wie das Bauchgefieder der Pinguine.

Große, Wasser liebende Echsen

Die ersten Krokodile gab es bereits, als noch Dinosaurier die Erde besiedelten. Sie sind zusammen mit den Vögeln auch die letzten Überlebenden einer Sauriergruppe, die wissenschaftlich als Archosaurier bezeichnet wird. Während zu den Zeiten der Dinosaurier auch zahlreiche Krokodilarten auf dem Gebiet des heutigen Mitteleuropas lebten, erstreckt sich ihr Verbreitungsgebiet nun auf die tropischen und subtropischen Regionen Asiens, Afrikas, Amerikas und Australiens.

Panzerkrokodil

Alligator

Neben den Echten Krokodilen, wie etwa den **Nil-** und **Panzerkrokodilen,** gehören auch die **Gaviale, Kaimane** und **Alligatoren** zur Ordnung der Krokodile. Sie alle leben an sowie in großen Gewässern und sind hier vorragende Schwimmer, Taucher und Tarnkünstler. So können Krokodile beispielsweise stundenlang reglos am Land oder im Wasser verharren, wodurch sie fast wie ein abgestorbener

Wusstest du schon, dass die größte Krokodilart das **Leistenkrokodil** ist, das bis zu 7 m lang ist und auch als Salzwasserkrokodil oder Saltie bezeichnet wird? Es lebt an den Küsten und in den Mangrovensümpfen Indiens, Indonesiens und Nordaustraliens. Manchmal dringen einzelne Salties aber auch in den Flüssen bis weit ins Landesinnere vor.

Leistenkrokodil

Baum oder ein Stück Treibholz wirken. Nähert sich eine Beute, packen sie diese blitzschnell mit ihren zahlreichen Zähnen. Weil sich Krokodile an Land oftmals recht gemächlich bewegen, glauben viele Menschen, dass diese Tiere nicht schneller laufen können. Doch das ist ein großer Irrtum. Wenn es sein muss, rennen Krokodile über kurze Strecken fast so schnell wie ein Pferd.

Krokodile sind Eier legende Tiere. Je nach Art werden 10 bis 80 Eier in einem Nest an Land abgelegt. Dieses Nest ist entweder eine Bodenmulde, die die Krokodilmutter ausgräbt und nach der Eiablage mit Sand und Erde überdeckt, oder ein Haufen aus weichem Pflanzenmaterial. Anschließend bewacht die Krokodilmutter das Nest und verteidigt es gegen Eierdiebe, wie etwa Warane und Waschbären.

Ob aus den Eiern männliche oder weibliche Krokodile schlüpfen, hängt von der Temperatur im Nest ab. Beträgt diese 30° C oder weniger, entwickeln sich nur Weibchen. Liegt die Temperatur bei 34° C oder etwas darüber, schlüpfen nur Männchen aus den Eiern.

Krokodilgelege

Nach dem Schlüpfen begleitet die Mutter die Jungen zum Wasser. Damit diese schneller dorthin gelangen, werden sie von der Mutter oft ins Maul genommen und erst im Wasser wieder herausgelassen.

Ähnlich wie Fische, Schildkröten und Schlangen wachsen Krokodile während ihres gesamten Lebens. Anfangs verläuft dieses Wachstum sehr schnell. Später geht es so langsam vonstatten, dass man es kaum noch feststellt.

Gut gepanzerte Wasser-, Sumpf- und Landbewohner

Ähnlich wie bei den Krokodilen handelt es sich auch bei den **Schildkröten** um Tiere, die bereits zu Zeiten der Dinosaurier lebten. Heute besiedeln diese Tiere mit Ausnahme der Antarktis alle Erdteile, wo man sie in den unterschiedlichsten Lebensräumen findet. Während manche Arten, wie etwa die **Vierzehenschildkröte** oder die **Maurische Landschildkröte,** in relativ trockenen Gebieten wie Steppen und Halbwüsten heimisch sind, fühlen sich andere nur in einer feuchten Umgebung wohl. Zu diesen Arten gehören beispielsweise die in Nordamerika lebenden **Rotwangenschmuckschildkröten** sowie die **Geierschildkröten.** Geierschildkröten ernähren sich hauptsächlich von Fischen, die sie mit einer sehr interessanten Jagdmethode fangen. Sie legen sich dazu mit geöffnetem Maul in ein

Vierzehenschildkröte   Rotwangenschmuckschildkröten

Geierschildkröte auf der Jagd

Gewässer und bewegen auf ihrer Zunge einen kleinen röt-
lichen Fortsatz, der einem Wurm ähnelt. Sobald ein Fisch
heranschwimmt, um den vermeintlichen Wurm zu fressen, wird er selbst zur Beute der Schildkröte, deren Maul
dann blitzschnell zuschnappt.

Bei den **Karettschildkröten** handelt es sich um Mee-
restiere. Sie verlassen das Wasser nur zum Ablegen der Eier, welche im feinen Sand einer Küste eingegraben werden. In Anpassung an das ständige Leben im Wasser haben
sich die Beine dieser Schildkröten zu flossenähnlichen Pad-
deln umgebildet.

Karettschildkröte

Damit eines Tages niedliche Schildkrötenbabys herum-
krabbeln können, müssen ihre Mütter zuvor Eier legen. Zu
diesem Zweck suchen sich die Weibchen der meisten Arten eine Stelle im weichen
Sand oder in stark sandhal-
tiger Erde aus. Dort buddeln
die Schildkröten mit ihren
kräftigen Hinterbeinen eine Grube, in die sie ihre Eier legen. Danach wird die
Grube mit Sand oder Erde
bedeckt, damit diese später
möglichst kein Eierdieb fin-

Eiablage im Sand

det. Das anschließende Ausbrüten des Geleges überlassen die Schildkröten den warmen Sonnenstrahlen, die dafür sorgen, dass nach 40 bis 100 Tagen die Schildkrötenbabys schlüpfen. Nachdem die Babys von Meeresschildkröten am Strand aus dem Gelegen geschlüpft sind, krabbeln sie ganz schnell zum Wasser. Das ist deshalb notwendig, weil sie an Land viele Fressfeinde, wie Möwen und Waschbären, haben.

Wusstest du schon, dass die **Riesenschildkröten** ein Gewicht von 250 kg und ein Alter von 150 bis 250 Jahren erreichen können?
Unter den Landschildkröten ist übrigens die **Seychellen-Riesenschildkröte** die einzige Art, die Wasser nicht durch das Maul, sondern durch die Nase aufnimmt. Auf dem Aldabra-Atoll gibt es nämlich keine Süßwasserquellen und das Regenwasser versickert schnell in dem dortigen Kalkgestein. Mit ihren Nasenlöchern sind diese Schildkröten jedoch in der Lage, das Restwasser sogar aus kleinen Gesteinsritzen herauszusaugen.

Seychellen-Riesenschildkröte

Die sich in ihrer Haut nicht lange wohlfühlen

Genau wie die Schildkröten und Krokodile gehören auch die Schlangen zu den Kriechtieren und kommen mit Ausnahme der Antarktis in allen Erdteilen vor.

Manche Schlangen, wie etwa die in Europa heimische Ringelnatter oder die in den Regenwäldern Südamerikas lebende **Anakonda** jagen ihre Beute oft im Wasser. Noch mehr Zeit verbringen die in tropischen Meeren lebenden Seeschlangen im Wasser. Einige dieser Arten begeben sich überhaupt nicht mehr an Land.

Gleichzeitig gibt es aber auch zahlreiche Schlangen, wie die **Wüstenhornviper** und die **Zwergpuffotter,** die ständig in sehr trockenen Steppen- oder Wüstengebieten leben.

Die Körperoberfläche der Schlangen wird von einer schuppigen Haut bedeckt. Je nach Art und Größe streifen alle Schlangen nach 4 bis 6 Wochen diese oberste Hautschicht ab. Eine solche abgestreifte Haut nennt man Natterhemd. Vor dem Abstreifen des Natterhemds ist den Schlangen jedoch unter der alten Haut schon eine neue gewachsen.

Anakonda

Wüstenhornviper

Grüner Baumpython

Die Schlangen haben zwei unterschiedliche Jagdmethoden entwickelt. Während manche Arten ihrer Beute auflauern und anschließend blitzschnell zubeißen, kriechen andere lautlos an ihre Opfer heran. Danach wickeln sie sich mit ihren Körper um die Beutetiere und erwürgen diese.

Riesenschlangen, wie der **Grüne Baumpython,** töten ihre Beute, indem sie diese mit ihrem muskulösen Körper umschlingen. Dabei tritt bei den Beutetieren sowohl ein Stillstand der Atmung als auch des Blutkreislaufes ein. Die Weibchen des Grünen Baumpythons werden bis zu 2 m lang und können 2,2 kg wiegen. Damit sind sie oft einen halben Meter länger und 1 kg schwerer als die Männchen. Allerdings sind die Baumpythons im Vergleich zur Anakonda, der größten Schlange der Welt, echte Leichtgewichte. So werden manche Anakondas 8 bis 9 m lang und wiegen 200 kg!

Viele Schlangenarten sind giftig. Sie geben beim Zubeißen Substanzen aus ihren Giftzähnen ab, wodurch die Beutetiere entweder nach kurzer Zeit bewegungsunfähig werden oder sogar sterben. Sobald das passiert ist, verschlingen die Schlangen ihre Beutetiere in einem Stück. Beim Verschlingen besonders großer Beute hängen sie sogar zeitweilig ihren Unterkiefer aus, um auf diese Weise die Maulöffnung zusätzlich zu vergrößern.

Wusstest du schon, dass die **Blindschleiche** keine Schlange ist? Stattdessen handelt es sich um eine Schleiche, die den Echsen verwandtschaftlich sehr nah steht. Wenn du ganz genau hinschaust, siehst du, dass die Reste der zurückgebildeten Beine bei den Blindschleichen noch als kleine Wölbungen auf der Haut erkennbar sind!

Giftige und riesige Frösche

Hast du in den Sommermonaten an einem Teich schon einmal Frösche beobachtet? Meistens sind das **See-, Teich-** oder **Wasserfrösche,** die alle einen grünlich gefärbten Rücken mit schwärzlichen Flecken besitzen. In Zoos werden diese Arten allerdings kaum gepflegt, sondern stattdessen Exemplare aus anderen Erdteilen, wie etwa **Ochsenfrösche.** Mit einer Körperlänge von 20 cm und einem Gewicht von oft mehr als 1 kg gehören diese olivgrün bis hellbraun gefärbten Tiere zu den Riesen unter den Fröschen. Ihre natürliche Heimat erstreckt sich von Südkanada bis nach Mexiko. Ochsenfrösche haben einen enormen Appetit und verschlingen so ziemlich jedes Tier, das nur irgendwie in ihr großes Maul passt. Deshalb gehören zu ihrer Beute nicht nur Fische, sondern auch mausgroße Säugetiere, junge Vögel, Insekten, Würmer, Schnecken, und kleinere Froscharten.

Die zumeist sehr farbenfrohen **Baumsteigerfrösche,** welche auch als Pfeilgiftfrösche bezeichnet werden, stammen aus den Regenwäldern Mittel- und Südamerikas. Die Bezeichnung Pfeilgiftfrösche entstand, weil ihre Haut ständig starke Nervengifte abgibt. Baumsteigerfrösche produzieren ihre Gifte aber nicht selbst, sondern nehmen sie mit der Nahrung auf. Viele der von ihnen gefressenen Insekten enthalten nämlich kleine Mengen davon. Um nicht selbst eine Vergiftung zu erleiden, scheiden diese Frösche ständig einen Teil Gifte aus. Mit diesen Giften bestreichen viele südamerikanische Indianerstämme die Spitzen ihrer Pfeile.

Baumsteigerfrosch

Ochsenfrosch

Wusstest du schon, dass die Frösche zusammen mit den **Kröten, Unken, Molchen, Olmen** und **Salamandern** zu einer Klasse des Tierreichs gehören, die man als Lurche oder wissenschaftlich Amphibien bezeichnet? Da Molche, Olme und Salamander einen großen Schwanz ausbilden werden sie auch als Schwanzlurche bezeichnet, während man bei Fröschen, Kröten und Unken von Froschlurchen spricht.

Salamander

Axolotl

Hast du schon einmal etwas von einem **Axolotl** gehört? Das ist ein Kiemenmolch, der nur in ein paar Gewässern Mexikos vorkommt. Das Besondere dieser Tiere ist, dass sie ihr ganzes Leben im Wasser verbringen und nicht wie andere Molche an Land gehen. Deshalb atmen die Axolotl auch nicht durch Lungen, sondern durch Kiemen, wie die Fische. Mit Hilfe dieser büschelähnlichen Kiemen, die sich beim Axolotl am Halsansatz befinden, filtert dieser Lurch Sauerstoff aus dem Wasser.

Sie sind keine Killermaschinen

Die Bezeichnung **Piranha** (sprich Piranja) ist ein Sammelbegriff für eine Fischfamilie, die mehr als 30 Arten umfasst und zu den Echten Salmlern gehört. Von den Echten Salmlern werden übrigens viele kleine Arten, wie etwa der **Rote von Rio** und der **Trauermantelsalmler** gern als Aquarienfische gepflegt.

Roter von Rio

Doch nun zurück zu den Piranhas. Diese Fische, von denen Natterers Sägesalmler die bekannteste Art ist, erreichen Körperlängen von 15 bis 40 cm und leben in verschiedenen Flüssen Südamerikas. In Gruselgeschichten und -filmen werden sie oft als blutrünstige Killermaschinen dargestellt,

Piranha   Trauermantelsalmler

die alles angreifen, was ihnen vor das Maul kommt. Zugegeben, Piranhas sind aufgrund ihrer rasiermesserscharfen Zähne nicht ganz ungefährlich. Wenn sie von Menschen gefangen werden, beißen sie an Land oft wild um sich. Dabei können sie bei unvorsichtigen Fischern tiefe Fleischwunden verursachen. Allerdings greifen die Piranhas keine anderen Tiere aus blanker Mordlust oder Blutgier an, sondern nur um ihren Hunger zu stillen.

In ihrer südamerikanischen Heimat stellen sie sogar so etwas wie eine „Gesundheitspolizei" der Gewässer dar, denn sie fressen unter anderem die Kadaver verendeter Tiere schnell auf. Dadurch verhindern sie, dass das Flusswasser mit Schadstoffen angereichert wird und sich gefährliche Krankheiten ausbreiten können.

Außerdem fressen Piranhas kleinere Fische, Muscheln und Wasserschnecken. Gleichzeitig sind sie aber auch für zahlreiche größere Tiere eine beliebte Beute. So werden sie unter anderem von den im Amazonas vorkommenden Fluss-

Wusstest du schon, dass in früheren Zeiten manche südamerikanischen Indianerstämme die **Zähne der Piranhas** als natürliche Rasiermesser benutzten?

delfinen, Kaimanen, großen am Wasser lebenden Greifvögeln und Riesenottern gejagt. Darüber hinaus gehören die Piranhas zu den beliebten Beutetieren des **Arapaimas,** der auch als **Pirarucu** bezeichnet wird. Mit einer Körperlänge von 2 bis 2,5 m und einem Gewicht von 150 bis 200 kg handelt es sich bei ihm um einen der größten Süßwasserraubfische der Welt.

Piranhazähne als Rasiermesser – fällt dir noch etwas ein, wozu du einen Piranhazahn brauchen könntest?

Aufopferungsvolle Eltern

In den Aquarien vieler Zoos sind aber nicht nur Piranhas, sondern auch zahlreiche andere Süßwasserfische, wie etwa Schwertträger, Panzerwelse, Blattfische, Sumatrabarben, Buntbarsche und **Labyrinthfische** zu bewundern. Letztere werden so genannt, weil sie neben den Kiemen ein zweites Atmungsorgan, das Labyrinth, besitzen. Mit Hilfe des Labyrinths atmen diese Arten, zu denen beispielsweise Paradies- und Zwergfadenfische gehören, an der Wasseroberfläche Luftsauerstoff ein.

Die Männchen vieler Labyrinthfischarten bauen an der Wasseroberfläche ein Schaumnest aus Maulsekret und Luftblasen. In das Schaumnest werden später die Eier gelegt, was man fachmännisch als Laichen oder Ablaichen bezeichnet. Anschließend bewacht und verteidigt zumeist das Männchen das Schaumnest solange, bis die Jungen aus den Eiern schlüpfen.

Zwergfadenfisch

Sumatrabarbe

Wusstest du schon, dass bei einigen Buntbarschen, beispielsweise beim **Vielfarbigen Maulbrüter,** ein Elternteil die Eier nach dem Ablaichen sofort ins Maul nimmt? Dort verbleiben diese so lange, bis die Jungen schlüpfen, was mitunter bis zu 14 Tagen dauern kann. Während dieser Zeit frisst der Elternfisch nicht.

Viele Buntbarscharten, zu denen auch der Segelflosser oder **Skalar** gehört, laichen auf flachen Steinen, großen Wasserpflanzenblättern oder in Höhlen ab. Danach betreut vorwiegend das Weibchen die Eier, die es von Zeit zu Zeit immer wieder ablutscht. Durch dieses Ablutschen entfernt es Bakterien und Keime, welche die Eier abtöten könnten. Die männlichen Buntbarsche schwimmen zumeist etwas weiträumiger um die auch als Gelege bezeichneten Eier herum. Wenn sich dem Gelege ein anderer Fisch nähert, versucht das Buntbarschmännchen sofort, diesen mit einem mutigen Angriff zu vertreiben.

Skalar

Fische, bei denen Männchen zu Weibchen werden

In dem Trickfilm „Findet Nemo" ist ein kleiner, orange-weiß geringelter Meeresfisch der Hauptdarsteller, den sowohl zahlreiche Kinder als auch Erwachsene in ihr Herz geschlossen haben. Dabei handelt es sich um einen **Clown-** oder **Harlekinfisch,** der wiederum zu den Anemonenfischen gehört.

Seeanemone

Harlekinfisch

Die typischen Lebensräume der Clownfische sind tropische Riffe, wo sie mit Seeanemonen in einer sogenannten Symbiose leben. Darunter versteht man eine Lebensgemeinschaft, von der beide Partner einen Nutzen haben. So sind die mit brennend wirkenden Nesselzellen besetzten Tentakel der Seeanemone ein Ort, an den die Clownfische vor Raubfischen fliehen können. Als Ausgleich verjagen die Clownfische **Falter-** sowie **Feilenfische,** die wiederum gern die Tentakel der **Seeanemonen** fressen.

Tentakel

In größeren Seeanemonen leben häufig nicht nur zwei, sondern mehrere Clownfische, unter denen sich aber stets nur ein Weibchen befindet. Sobald dieses Weibchen stirbt oder gefressen wird, wandelt sich das größte Männchen innerhalb weniger Tage zu einem Weibchen um. Aus den Eiern, die die Clownfische ablegen, schlüpfen deshalb auch nur männliche Junge, die während ihres weiteren Lebens darauf warten, sich in Weibchen umwandeln zu können.

Spinnen sind keine Insekten

Viele Menschen mögen keine Spinnen, wobei die großen **Vogelspinnen** für sie ein ganz besonderer Graus sind. Das liegt unter anderem daran, dass diese Tiere in zahlreichen Filmen und Geschichten als sehr gruselig und gefährlich dargestellt werden. Es stimmt zwar, dass die Vogelspinnen recht kräftig zubeißen können und giftig sind. Allerdings reicht das Gift vieler Arten lediglich zum Töten eines größeren Insekts, einer Maus oder eines kleinen Vogels aus. Dagegen sind Vogelspinnen für Menschen weitgehend ungefährlich. In manchen Zoohandlungen werden Vogelspinnen sogar regelmäßig angeboten: Wenn man mit diesen Tieren behutsam umgeht, lassen sie sich problemlos streicheln und sogar auf die Hand nehmen.

Vogelspinne

Vogelspinnen gibt es seit rund 300 bis 350 Millionen Jahren. Bisher hat man rund 900 Arten von Vogelspinnen entdeckt, die Größen zwischen 2 und 30 cm erreichen. Alle diese Arten leben in tropischen und subtropischen Regionen. Um sie richtig zu pflegen, sind Terrarien erforderlich, die fast so ähnlich wie ein Aquarium aussehen. Allerdings wird in diese Terrarien kein Wasser hineingegossen. Vielmehr besteht der Boden in einem solchen Terrarium oft aus einer Schicht aus trockener, stark zerkleinerter Baumrinde oder Falllaub. Eine derartige Umgebung mögen die Vogelspinnen. Außerdem benötigen die meisten Arten einen Unterschlupf, beispielsweise ein großes gewölbtes Stück Korkrinde oder einen ausgehöhlten Stein.

Vogelspinnen sind Lauerjäger. Vor ihrem Unterschlupf legen sie einige feine Fäden aus, die sie mit ihren so genannten Spinndrüsen erzeugen. Sobald ein kleines Tier, beispielsweise eine Blattwanze oder eine Heuschrecke, diese Fäden berührt, merkt das die Vogelspinne sofort. Sie schnellt dann aus ihrem Unterschlupf hervor und ergreift die Beute. Danach zieht sich die Spinne in ihre Behausung zurück, um ungestört die Beute aufzufressen.

Wusstest du schon, dass Spinnen **nicht zu den Insekten** gehören? Am einfachsten lassen sich diese Tiere anhand ihrer Beinpaare unterscheiden. Während die Spinnen immer vier solcher Paare besitzen, haben die Insekten nur drei.

Wie wäre es mit einem kleinen Quiz?

So, nun ist unser gemeinsamer Zoospaziergang zu Ende. Hoffentlich hat er hat dir gefallen! Ich bin jedenfalls gern mit dir durch den Zoo gewandert.

Hast du noch Lust zu einem kleinen Wissenstest? Sicherlich bist auch du inzwischen zu einem Zooexperten geworden! Nimm dir einfach einen Zettel und schreibe die Zahlen 1 bis 15 darauf. Dann liest du die folgenden 15 Fragen durch. Hinter jede Zahl auf deinem Zettel schreibst du den Buchstaben mit der richtigen Lösung.

Auf Seite 126 stehen alle Antworten, die du dann mit deinen Lösungen vergleichen kannst. Ich wünsche dir viel Spaß dabei – und besuche mich bald wieder mal im Zoo!

Frage 1: Welche dieser Tiere sind am engsten miteinander verwandt?

a) Afrikanische Elefanten und Asiatische Elefanten
b) Afrikanische Elefanten und eiszeitliche Mammuts
c) Asiatische Elefanten und eiszeitliche Mammuts ✓

Frage 2: Welche Katzen sind nicht wasserscheu?

a) Tiger und Jaguare ✓
b) Löwen und Schneeleoparden
c) Leoparden und Nebelparder

Frage 3: Wie viele Halswirbel besitzt eine Giraffe?

a) 7 ✓
b) 17
c) 70

Frage 4: Seit wann gibt es Vogelspinnen?

a) seit etwa 3 bis 3,5 Millionen Jahren
b) seit etwa 30 bis 35 Millionen Jahren
c) seit etwa 300 bis 350 Millionen Jahren ✓

**Frage 5: Wie bezeichnet
man eine abgestreifte Schlangenhaut noch?**

a) Natterhemd ✓
b) Natterkleid
c) Nattermantel

**Frage 6: Welcher Menschenaffe besitzt
ein natürliches Regencape?**

a) Gorilla
b) Orang-Utan ✓
c) Schimpanse

Frage 7: Welcher Bär gehört nicht zu den Kleinbären?

a) Koala ✓
b) Nasenbär
c) Waschbär

Frage 8: Wofür benutzten früher manche südamerikanischen Indianerstämme die Zähne der Piranhas?

a) zum Bau von Sägen
b) als Pfeilspitzen
c) als Rasiermesser ✓

Frage 9: Welche Antwort ist richtig:

a) Der Axolotl atmet mit Lungen.
b) Der Axolotl atmet mit Kiemen. ✓
c) Der Axolotl atmet mit Lungen und Kiemen.

Frage 10: Wie viele Nashornarten gibt es zurzeit auf der Welt?

a) 4
b) 5 ✓
c) 6

Frage 11: Was ist eine Symbiose?

a) Eine Lebensgemeinschaft, von der beide Partner einen Nutzen haben. ✓
b) Eine Lebensgemeinschaft, bei der ein Partner den anderen ausnutzt.
c) Eine Lebensgemeinschaft, von der niemand einen Nutzen hat.

Frage 12: Mit welchem Körperteil nimmt die Seychellen-Riesenschildkröte Wasser zum Trinken auf?

a) mit dem Maul
b) mit den Augen
c) mit der Nase

Frage 13: Welche Antwort ist richtig?

a) Die Zähne der Nager haben keine Wurzeln.
b) Den Nagern wachsen jeden Monat neue Zähne.
c) Nager haben besonders große Backenzähne.

Frage 14: Woraus bauen viele Labyrinthfische ihre Nester?

a) Aus Maulsekret und Luftblasen
b) Wasserpflanzen
c) Aus kleinen Holzstücken, die an der Wasseroberfläche schwimmen

Frage 15: Wie weit und wie hoch können Rote Riesenkängurus springen?

a) 8 m weit und 4 m hoch
b) 9 m weit und 3 m hoch
c) 7 m weit und 3 m hoch

Tierart	Wo ist diese Art in freier Natur zu Hause?
Andenkondor	Südamerika
Bison	Nordamerika
Braunbär	Nordamerika, sowie in Teilen Europas und Asiens
Clownfisch	Tropische Meere
Erdmännchen	Südliches Afrika
Flamingo	Mittel- und Südamerika, Afrika, wärmere Länder Europas, südliches Asien
Gavial	Südostasien
Gepard	Afrika und einige Gebiete Asiens
Gorilla	Mitten in Afrika
Humboldtpinguin	Südamerika

Wie viele Jungen werden auf einmal zur Welt gebracht?	Wovon ernährt sich diese Art hauptsächlich?
1 Ei	Aas, also tote Tiere
1; Zwillinge sind ganz selten	Gras, Kräuter, Blätter und Rinde
1–4	Tier von Maus- bis Elchgröße, Pilze, Beeren, Wurzel, Kräuter Gräser, Honig
ein Gelege besteht aus etwa 250 Eiern	kleine Lebewesen
2–4	Insekten, kleine Vögel, Eidechsen und Eier
es wird fast immer nur 1 Ei gelegt	winzige Kleinstorganismen, die frei im Wasser schweben
10–80 Eier	hauptsächlich von Fischen
1–3	Gazellen und andere kleine Säugetiere
1, Zwillinge kommen genauso selten wie beim Menschen zur Welt	Blätter, zarte Zweige, Früchte
1–3 Eier	Fische und kleine Kopffüßler (auch Tintenfische genannt)

Tierart	Wo ist diese Art in freier Natur zu Hause?
Indisches Panzer-nashorn	Nordindien und angrenzende Länder
Jaguar	Süd- und Mittelamerika
Kaiman	Süd- und Mittelamerika
Mantelpavian	Ostafrika und arabische Halbinsel
Maurische Land-schildkröte	Asien und Nordafrika
Nebelparder	Südostasien
Okapi	Regenwälder in Zentralafrika
Präriehund	Nordamerika bis Mexiko
Seelöwe	Nord- und Südamerika sowie Australien
Skalar	Südamerika
Trampeltier	Asien

Wie viele Jungen werden auf einmal zur Welt gebracht?	Wovon ernährt sich diese Art hauptsächlich?
1	Blätter, Zweige, Rinde, Früchte
1–4	Säugetiere von Hasen bis Hirsch-größe, kleine Kaimane, Fische, Vögel
10–30 Eier	Säugetiere, Fische, Kriechtiere und Lurche
1, Zwillinge sind sehr selten	Früchten , Kräutern, Wurzeln, Insekten, Vogeleiern, kleine Vögel, Kriechtiere, kleine Säugetiere
5–12 Eier	Gräser, Kräuter, Früchte, Blüten
2–4	Tiere von Hasen- bis Hirschgröße, Vögel, Schlangen
1	vor allem Blätter
3–7	Gräser und Wurzeln
1	Fisch, Kopffüßler und kleinere Robben
bis 1 000 Eier	kleine Wasserlebewesen
meist 1	Gräser, Kräuter, Zweige, Blätter

Tierart	Wo ist diese Art in freier Natur zu Hause?
Tschudimeer-schweinchen	Südamerika
Vogelspinne	Warme Regionen Amerikas, Afrikas, Asiens und Australiens
Walross	Küsten der nordpolaren Meere
Waschbär	Nord- und Südamerika, in Europa eingebürgert
Wisent	Osteuropa
Wolf	Teile Europa, Asien, Nordamerika und Nordafrikas
Wüsterhornviper	Nordafrika und arabische Halbinsel
Zebra	Afrika
Zwergfadenfisch	Südostasien

Wie viele Jungen werden auf einmal zur Welt gebracht?	Wovon ernährt sich diese Art hauptsächlich?
meist 2–4	Gräser, Blüten, Kräuter, Kakteen, Rinde
je nach Art bis 2 000 Eier	Insekten, Spinnen, kleine Säuger, Eidechsen, Vögel
1	Muscheln, Schnecken, Fische, Kopffüßler, Krabben , Seegurken, Meereswürmer
meist 2–4	Kriechtiere, Lurche, Schnecken, Würmer, Insekten, Krebse, Obst und Nüsse
1	Kräuter, Laub, Rinde, Zweige
	Tiere von Maus- bis Rindergröße
20 Eier	Vögel, Eidechsen kleine Nagetiere, Insekten
1	Gras, Kräuter
bis 500 Eier	kleine tierische Wasserlebewesen

Antworten:

1. c	6. b	11. a
2. a	7. a	12. c
3. a	8. c	13. a
4. c	9. b	14. a
5. a	10. b	15. b

Puh, jetzt waren wir ganz schön lange zusammen unterwegs. Ich finde, da habe ich mir ein paar Mehlwürmer verdient! Viel Spaß beim nächsten Zoobesuch!